创 新 发 展

——首届融资担保业征文论文集

中国融资担保业协会 编

中国金融出版社

责任编辑：张怡姮
责任校对：刘　明
责任印制：陈晓川

图书在版编目（CIP）数据

创新发展——首届融资担保业征文论文集（Chuangxin Fazhan——Shoujie Rongzi Danbaoye Zhengwen Lunwenji）／中国融资担保业协会编．—北京：中国金融出版社，2015.7
　　ISBN 978-7-5049-8001-4

　　Ⅰ.①创… Ⅱ.①中… Ⅲ.①融资—担保—中国—文集 Ⅳ.①F832.48-53

中国版本图书馆 CIP 数据核字（2015）第 138714 号

出版
发行　中国金融出版社

社址　北京市丰台区益泽路 2 号
市场开发部　（010）63266347，63805472，63439533（传真）
网上书店　http://www.chinafph.com
　　　　　（010）63286832，63365686（传真）
读者服务部　（010）66070833，62568380
邮编　100071
经销　新华书店
印刷　保利达印务有限公司
装订　平阳装订厂
尺寸　169 毫米 × 239 毫米
印张　16
字数　198 千
版次　2015 年 7 月第 1 版
印次　2015 年 7 月第 1 次印刷
定价　42.00 元
ISBN 978-7-5049-8001-4/F.7561
如出现印装错误本社负责调换　联系电话（010）63263947

本书编委会

顾　　　　问：周慕冰　曹　宇
指　　　　导：李均锋　牛成立　文海兴
　　　　　　　邢早忠　张立平
编 委 会 主 任：文　政
编 委 会 委 员：（按姓氏笔画排序）
　　　　　　　卜祥瑞　王建兴　文　政
　　　　　　　石建昌　叶　斌　刘　征
　　　　　　　张红地　张忠慧　张德本
　　　　　　　陈子牧　陈杭生
编委会工作人员：陈楚钟　谭傣文　李光翊
　　　　　　　李潇涵

序 言

我国融资担保业从1993年伊始，历经20多年，逐步发展壮大。自2009年国务院建立的由银监会牵头的融资性担保业务监管协调机制之后，《融资性担保公司管理暂行办法》及有关配套制度相继出台。在部际联席会议和各省、自治区、直辖市人民政府指导下，各地结合实际建立了监管架构，监管措施和工作机制不断完善，融资担保业进入了规范发展的新阶段。截至2014年末，全行业共有法人机构7 898家，实收资本9 255亿元，担保业务在保余额2.74万亿元，其中中小微企业融资担保贷款余额1.28万亿元，担保机构为25.14万户中小微企业提供贷款担保服务；各类机构涉农在保余额共计约1 700亿元，涉农在保户数43万户。融资担保在缓解小微企业和"三农"融资难、融资贵方面发挥了重要作用，架起了银行与小微企业、"三农"之间的桥梁，推动了社会信用体系的建设。

同时，我们也应该看到，当前融资性担保行业发展与监管面临的困难和问题，如一些地方政府对融资担保工作支持力度不够；许多融资担保机构资本实力不强，违规经营时有发生；银担合作有待完善；再担保体系不健全；等等。融资担保行业风险高、收益低，完全靠市场的力量很难充分发挥应有的作用。不少国家都把融资担保作为准公共产品，给予大力支持。如何结合中国国情，建立有公信力的融资担保体系，是我们要持续关注的重要课题。

　　2014年12月国务院召开了全国促进融资性担保行业发展经验交流电视电话会，李克强总理向会议作出重要批示，马凯副总理作重要讲话。发展融资担保是破解小微企业和"三农"融资难、融资贵问题的重要手段和关键环节。担保机构要聚焦主业、增强实力、创新机制、规范经营，为小微企业和"三农"融资提供更加丰富的产品和优质服务，促进大众创业、万众创新。

　　为深入贯彻党的十八届三中全会精神，推进中国融资担保业的改革创新，总结行业成功经验，探讨未来发展路径，从而使其更好地服务于中小微、"三农"等实体经济，在中国银监会普惠金融部的指导下，中国融资担保业协会与《金融时报》联合举办了融资担保业创新发展征文活动，此次活动的优秀论文已汇编成册，即将于近期出版。该论文集的论文，理论结合实际，紧扣创新发展的主题，从监管、再担保体系建设、业务创新、风险管理等维度进行了有价值的探讨。例如，业务创新方面，结合P2P、土地信托、私募债等，分析了融资担保的增信作用，并提出相应的建议；模式方面，比较了政策性担保、商业性担保和互助性担保的优劣，提出了混合所有制的组织模式；再担保方面，在比较"江苏模式"、"广东模式"、"北京模式"、"安徽模式"的基础上，就如何进一步发挥再担保体系的作用提出了个人的见解；面对当前的监管现状，也有作者提出要进一步发挥中国融资担保业协会在行业自律方面的作用等建议。论文集中也收集了部分行业专家的稿件，对行业的某些问题做了深度的剖析，对行业的热点与难点问题进行了系统的、深入的思考。

　　从整体上讲，这些论文对行业的创新发展，具有理论上或实践上的参考或指导意义。本次征文也是中国融资担保业协会汇集各界才智，推动融资担保业创新发展方面的有益尝试。希望本论文集的出版，起到一个抛砖引玉的作用，为融资担保业的创新发展汇集更多的才智，促进融资担保业的规范发展。同时，也希望中国融资担保业协会为融资担保行业的创新发展继续努力，继续高标准、严要求，做好行业的服务工作，争取作出更大的贡献，推动融资担保行业吸引更多的金融活水，滋养实体经济之树。

中国银行业监督管理委员会副主席　周慕冰

2015 年 6 月 2 日

目 录

一等奖

融资性担保公司反担保环节法律风险防控 …………………… 3

我国中小企业私募债券的增信制度研究 …………………… 17

二等奖

混合所有制在融资担保行业的探索与实践 …………………… 57

谈农业专业化担保对土地信托的增信作用 …………………… 67

三等奖

论反担保的主合同 …………………………………………… 83

试论P2P中的融资担保行业风险及对策建议 ………………… 97

浅论深化省级信用再担保体系建设 ………………………… 109

我国融资性担保行业监管研究 ……………………………… 121

优秀奖

PPP模式的小企业融资应用

——记中新力合小企业集合债权基金系列产品案例 ………… 133

创新进取　稳健前行　打造农业融资新渠道　推动"三农"

经济快发展 ………………………………………………… 141

浅谈融资担保机构社会责任报告的发布 …………………… 150

关于地市级再担保体系构建及运营模式探讨 …………… 159
国有担保公司：定位缺失成因及改革方向 ……………… 168
发展政府支持的担保机构体系　缓解中小微企业融资问题 …… 177
融资担保模式的比较及混合所有制担保模式的可行性研究 …… 189
打造有竞争力的集合信托产品
　　——浅谈首都农业专业合作社金融创新 …………… 213

评委观点

首届"融资担保业创新发展"征文活动专家评委会
　委员名单 ………………………………………………… 227
论担保机构风险的"矢量"特性及其现实意义 ………… 228
明确定性定位　建立有公信力的融资担保体系
　　——《上海再担保》访中国融资担保业协会
　　　专职副会长文政 ……………………………………… 240

一等奖

融资性担保公司
反担保环节法律风险防控

安徽省信用担保集团有限公司　李开翠

摘要：我国融资性担保公司在降低金融机构贷款风险，缓解中小企业融资难、融资贵，推动国民经济增长方面发挥着不可替代的作用。法律风险以承担法律责任为特征，存在于担保业务的各个环节，一旦发生，会给融资性担保公司带来极大困扰甚至致命打击。反担保作为担保业务的重要一环，其法律风险主要发生在反担保合同订立、反担保物权登记和反担保物权实现阶段。笔者在简要阐述反担保概念、反担保方式种类的基础上，结合工作实际，运用法律对反担保环节法律风险进行剖析并提出有针对性的防控措施，以期对融资性担保公司更好地防控风险、服务中小企业有所裨益。

关键词：反担保　法律风险　防控措施

一、反担保的概念和反担保方式的种类

（一）反担保的概念

反担保的概念，在古代罗马法、近现代大陆法系或英美法系的担保立法制度中都没有记载，[①] 唯有我国首次直接以《担保法》、《物权法》等法律形式明确界定了反担保的概念。[②] 反担保是指债务

---

① 车辉：《对反担保法律适用问题的思考》，载《法律适用》，2006 年第 8 期。
② 参见《中华人民共和国担保法》第四条第（一）款、《最高人民法院关于适用〈中华人民共和国担保法〉若干问题的解释》第二条和《中华人民共和国物权法》第一百七十一条第（二）款规定。

人或第三人向担保人承诺或设定物的担保，在担保人因代为清偿债务人的债务而受到损失时，向担保人进行清偿的民事行为。①

（二）反担保方式的种类

我国《担保法》司法解释和《物权法》规定，② 反担保方式的种类可以为：债务人以外第三人的保证、债务人或第三人的抵押和质押。反担保方式选择中，融资性担保公司（以下简称担保公司）往往会综合担保金额、担保期限、项目风险度及反担保人的资信等因素，单独或组合选用。

二、反担保合同订立法律风险与防控措施

《担保法》和《物权法》规定，保证合同、抵押合同和质权合同的当事人必须订立书面合同。③ 反担保合同是担保公司和反担保人之间民事权利义务的载体，是担保公司启动追偿程序的必备材料

---

① 刘新来主编：《信用担保概论与实务》（修订版），经济科学出版社，2006年1月第2版，第109页。

② 《最高人民法院关于适用〈中华人民共和国担保法〉若干问题的解释》第二条规定：反担保人可以是债务人，也可以是债务人之外的其他人。反担保方式可以是债务人提供的抵押或者质押，也可以是其他人提供的保证、抵押或者质押。

《物权法》第一百七十一条第二款规定：第三人为债务人向债权人提供担保的，可以要求债务人提供反担保。反担保适用本法和其他法律的规定。

③ 《担保法》第十二条：保证人与债权人应当以书面形式订立保证合同。

《物权法》第一百八十五条：设立抵押权，当事人应当采取书面形式订立抵押合同。

《物权法》第二百一十条：设立质权，当事人应当采取书面形式订立质权合同。

《物权法》第二百二十四条：以汇票、支票、本票、债券、存款单、仓单、提单出质的，当事人应当订立书面合同。质权自权利凭证交付质权人时设立；没有权利凭证的，质权自有关部门办理出质登记时设立。

《物权法》第二百二十六条：以基金份额、股权出质的，当事人应当订立书面合同。以基金份额、证券登记结算机构登记的股权出质的，质权自证券登记结算机构办理出质登记时设立；以其他股权出质的，质权自工商行政管理部门办理出质登记时设立。

《物权法》第二百二十七条：以注册商标专用权、专利权、著作权等知识产权中的财产权出质的，当事人应当订立书面合同。质权自有关主管部门办理出质登记时设立。

《物权法》第二百二十八条：以应收账款出质的，当事人应当订立书面合同。质权自信贷征信机构办理出质登记时设立。

和重要证据。加强对反担保合同签订条件、主体、内容和签章的审查，是担保公司防控反担保合同订立阶段法律风险的关键。

(一) 签约条件方面

对于反担保人是公司的反担保合同，若签约条件不符合《公司法》第十六条对公司对外担保的强制性规定，① 可能有被法院认定无效的法律风险。《最高人民法院关于当前形势下审理民商事合同纠纷案件若干问题的指导意见》第五部分第十五条规定，违反效力性强制性规定的，法院应当认定合同无效；违反管理性强制性规定的，法院应当根据具体情形认定合同效力。《公司法》第十六条规定的性质，目前学说研究和审判实务中有认为是管理性强制性规定；② 也有认为是效力性强制性规定，③ 笔者也认同此观点并认为担保公司应加大对反担保公司章程和公司决议的审查力度，要求反担保公司依法按章签约，防控反担保合同被法院适用"《合同法》第五十二条（五）违反法律、行政法规的强制性规定"确认无效法律风险的发生。

(二) 合同主体方面

仅以政府担保为例。《担保法》第八条规定："国家机关不能为

---

① 新《公司法》第十六条：公司向其他企业投资或者为他人提供担保，按照公司章程的规定由董事会或者股东会、股东大会决议；公司章程对投资或者担保的总额及单项投资或者担保的数额有限额规定的，不得超过规定的限额。公司为公司股东或者实际控制人提供担保的，必须经股东会或者股东大会决议。

前款规定的股东或者受前款规定的实际控制人支配的股东，不得参加前款规定事项的表决。该项表决由出席会议的其他股东所持表决权的过半数通过。

② 宁金成：《公司违反章程规定对外担保的效力研究——以〈公司法〉第十六条第一款的适用为分析背景》，载《郑州大学学报》，2011 (4)，第43页。

北京市高级人民法院终审的江苏银大科技有限公司与中建材集团进出口公司担保合同纠纷上诉案，《最高人民法院公报》，2011 (2)，《人民司法·案例》，2011 (12)。

③ 顾吉珉：《对〈公司法〉第十六条强制性意义的不同解读》，载《中国担保论坛》，2011 (1)，84页。

云南省高级人民法院［2008］云高民二终字第28号，《中华人民共和国公司法案例注释版》(第2版)，中国法制出版社，2013，16页。

保证人。"根据反担保适用担保的规定，国家机关当然不能为反担保人。国家也三令五申严禁地方政府以任何直接、间接形式为融资平台公司融资行为提供担保。① 现实中，不少担保公司却认为把地方政府还款承诺函作为反担保措施很安全且乐于接受。笔者认为，担保公司和承诺政府明知法律禁止性规定和国家禁令仍执意而为，双方均有过错；若法院以违反法律禁止性规定、损害国家利益为由认定政府承诺函无效，② 即使依据《担保法》司法解释第七条规定判决，承诺政府也仅对债务人不能清偿部分承担一定比例的赔偿责任，而担保公司接受承诺函的初衷无法实现。

新《预算法》首次确立全口径预算管理的原则并堵上了地方政府担保的"暗门"。③ 在政府融资平台公司转型期间，笔者建议担保公司对照新规，参考《中国银监会关于加强融资平台贷款风险管理的指导意见》要求和银行做法，结合政府领导人任期、融资平台和地方政府资信，研判存量担保贷款风险类别，采取落实第一还款来源、补充反担保、加大清收适时退出等措施防控风险，同时依法办理新增融资平台贷款担保。为防控反担保合同因主体不适格而无效法律风险的发生，担保公司应严格合同主体资格审查，避免与法律

---

① 参见国发〔2010〕19号：《国务院关于加强地方政府融资平台公司管理有关问题的通知》第四项规定。

《财政部重申清理地方融资平台 禁止政府违规担保》，http：//www.sina.com.cn，2011年8月15日。

② 《最高人民法院关于交通银行香港分行与港云基业有限公司、云浮市人民政府等借款担保合同纠纷上诉一案〈承诺函〉是否构成担保问题的请示的复函》，最高人民法院，2016年10月11日发布。

《中国指导案例》编委会编：《人民法院指导案例裁判要旨汇览——借款•担保卷》，中国法制出版社，2014年1月第1版，第402页。

陈桂平：《股权转让纠纷——政府连带担保效力如何？》，2013年12月30日，北大法律信息网。

③ 新《预算法》第三十五条第四款：除法律另有规定外，地方政府及其所属部门不得为任何单位和个人的债务以任何方式提供担保。

禁止担保的主体签订反担保合同。

（三）合同内容方面

《合同法》第十二条规定，合同内容由当事人约定。诉讼追偿中，法院常因反担保人刻意躲避、拒绝签收而无法以公告送达以外的方式送达法律文书，而公告一次至少需要60日，①造成案件审理被迫中止。为此，笔者认为不妨在反担保合同中约定法律文书送达地址确认条款；同时结合《企业信息公示暂行条例》要求企业向工商部门报送并公示的企业年度报告内容，在反担保合同首页详细填写反担保人通信地址、联系电话、电子邮箱等多种联系方式，防控项目人员变动造成的联系不畅和送达难法律风险的发生。

笔者代理的多起案件庭审中，对于担保公司同时请求支持违约金和代偿资金占用费的诉求，被告大多请求法院减少违约金并驳回担保公司代偿资金占用费诉请，审理法院通常适用《合同法》第一百一十四条第二款及其司法解释（二）第二十九条规定，②在同期同类贷款利率的4倍范围内择高支持一项。民事诉讼实行"不告不理"原则，合同约定过低固然会有未请求部分得不到审理的法律风险，但约定过高，诉求不适当部分将得不到法院支持，且须自行负担不当请求部分的诉讼费。实践中，担保公司常因合同约定的违约金和资金占用费过高而导致诉求不被法院全部支持。为防控诉求过高部分不被法院支持而承担多付的律师费和诉讼费法律风险的发生，笔者认为担保公司应结合《合同法》司法解释（二）第二十九

---

① 新《民事诉讼法》第九十二条：受送达人下落不明，或者用本节规定的其他方式无法送达的，公告送达。自发出公告之日起，经过六十日，即视为送达。

② 《合同法》第一百一十四条第二款规定：约定的违约金低于造成的损失的，当事人可以请求人民法院或者仲裁机构予以增加；约定的违约金过分高于造成的损失的，当事人可以请求人民法院或者仲裁机构予以适当减少。

《合同法》司法解释（二）第二十九条：当事人约定的违约金超过造成损失的百分之三十的，一般可以认定为合同法第一百一十四条第二款规定的"过分高于造成的损失"。

条规定的违约金上限和新《民事诉讼法》第二百五十三条规定的关于被执行人支付延迟履行金的标准,[①] 在反担保合同中合法合理约定违约金和代偿资金占用费,避免案件代理人为多收代理费或免受追责,即使明知合同约定的违约金和代偿资金占用费过高,也按合同约定主张。

（四）合同签章方面

合同签章系关当事人真实意思表示和合同成立。[②] 合规审查中,笔者经常发现反担保合同漏签章,如合同及附件尤非订本式合同骑缝处漏盖当事人签章,反担保自然人未在合同各页签字,引发反担保人篡改、替换合同条款损害担保公司权益法律风险；错签章如签章与合同首页当事人身份不符,反担保公司法定代表人签章与其有效法人营业执照记载姓名不一致,法定代表人的授权代理人签字不在委托期限内或与授权委托书写明的委托事项、代理权限不符等致使担保公司因反担保合同无法成立而丧失追偿权；违规签章如不执行合同面签制度,通过邮寄或让对方带回签章,造成追偿权因对方虚假签章无法行使。担保公司应规范合同印章审查,杜绝此类法律风险的发生。公司印章与法定代表人同时作用对外表达公司意志时,可产生相互制约的效果。[③] 为防范反担保公司事后辩称法定代表人滥用法律地位、印章被伪造等,笔者认为应要求其法定代表人面签同时加盖公司印章；对于反担保公司又是借款人的,将其签章与其在主合同上的签章进行比对,借助银行印鉴预留和审核制度,更好地防控自身的法律风险。

[①] 新《民事诉讼法》第二百五十三条：被执行人未按判决、裁定和其他法律文书指定的期间履行给付金钱义务的,应当加倍支付迟延履行期间的债务利息。被执行人未按判决、裁定和其他法律文书指定的期间履行其他义务的,应当支付迟延履行金。

[②] 《合同法》第三十二条：当事人采用合同书形式订立合同的,自双方当事人签字或者盖章时合同成立。

[③] 王冠华：《商事活动中的公司印章规则》,法律教育网·民商专题,2013年1月9日。

三、反担保物权登记法律风险与防控措施

实务中，反担保物权登记主为不动产①（含建设用地使用权、林权等不动产权利）抵押权登记、动产抵押权登记和权利质权登记。《物权法》对反担保物权采登记生效主义和登记对抗主义模式。②登记是《物权法》公示、公信原则的具体体现。登记既能让担保公司取得反担保物权、对抗第三人，又能让登记机关帮其防控法律风险如当地登记机关识别出孪生妹妹在姐姐出国期间冒充姐姐办理房产抵押，还能让第三人知晓反担保财产上的权利状况不愿接受交易从而维护担保公司的权益。

（一）不动产抵押权登记方面

不动产抵押权以登记为生效要件，担保公司勿轻信反担保人补办登记的承诺。合规审查中，笔者曾发现一笔还后再保项目的反担保人原承诺两个月内办妥房产他项权证却一年后如故。若发生代偿，担保公司会因未登记无法取得反担保物权。针对此类项目，担保公司不妨就等上两个月，办好抵押登记后再为其担保。为防控项目经理无暇亲自办理登记而委托反担保人办理造成的他项权利证书造假法律风险的发生，笔者认为担保公司应制定并落实项目经理或

---

① 参见《不动产登记暂行条例》第五条规定。
② 《物权法》第一百八十七条：以本法第一百八十条第一款第一项至第三项规定的财产或者第五项规定的正在建造的建筑物抵押的，应当办理抵押登记。抵押权自登记时设立。

《物权法》第一百八十八条：以本法第一百八十条第一款第四项、第六项规定的财产或者第五项规定的正在建造的船舶、航空器抵押的，抵押权自抵押合同生效时设立；未经登记，不得对抗善意第三人。

《物权法》第一百八十九条：企业、个体工商户、农业生产经营者以本法第一百八十一条规定的动产抵押的，应当向抵押人住所地的工商行政管理部门办理登记。抵押权自抵押合同生效时设立；未经登记，不得对抗善意第三人。

《物权法》第二百二十四条、第二百二十六条、第二百二十七条和第二百二十八条规定参见本书第4页脚注。

委托专人到登记机关现场申请登记并领取他项权利证书制度;对他项权利证书真实性存疑时,电话或上门与颁证机关进行核实。为防控他项权利证书登记事项发生错误,担保公司应将证书上各类登记事项如抵押权人和抵押人名称或姓名、权属证书编号、房地面积、债权金额与反担保合同、权属证书、担保公司内部审批内容进行核对;发现错误应及时依法申请更正登记[①]。因主合同、保证合同变更而导致反担保合同如反担保范围、反担保期限发生变更的,担保公司还应及时持变更后的上述合同去原登记机关申请办理变更登记[②]。

(二) 动产抵押权登记方面

《物权法》对动产抵押权采取登记对抗主义模式,"为了切实保障自己债权的实现,抵押权人最好进行抵押登记。"[③]动产抵押权登记除尽上述不动产抵押权登记之同样注意外,还应防控自身特有法律风险如因动产易搬动而被反担保人擅自转移、处分导致担保公司无法实现抵押权;《物权法》规定浮动抵押期间,反担保人可以自由处分抵押财产,极易造成担保公司行权时抵押动产急剧减少。[④]笔者认为担保公司应做好担保后监管工作如委托体系成员单位或派

[①] 《物权法》第十九条:权利人、利害关系人认为不动产登记簿记载的事项错误的,可以申请更正登记。不动产登记簿记载的权利人书面同意更正或者有证据证明登记确有错误的,登记机构应当予以更正。

参见《不动产登记暂行条例》第十四条规定。

[②] 《物权法》第九条:不动产物权的设立、变更、转让和消灭,经依法登记,发生效力;未经登记,不发生效力,但法律另有规定的除外。

《物权法》第十四条:不动产物权的设立、变更、转让和消灭,依照法律规定应当登记的,自记载于不动产登记簿时发生效力。

[③] 全国人大常委会法制工作委员会民法室编:《中华人民共和国物权法条文说明、立法理由及相关规定》,北京大学出版社,2007年3月版,第344页。

[④] 《物权法》第一百八十九条第二款:依照本法第一百八十一条规定抵押的,不得对抗正常经营活动中已支付合理价款并取得抵押财产的买受人。

徐海燕、李莉著:《物权担保前沿理论与实务探讨》,中国法制出版社,2012年8月第1版,第270-271页案例。

员适时对浮动抵押动产进行实地监管，确保其在双方约定的最低保有量之上流转。

（三）权利质权登记方面

权利质权是一种具有债权性质的担保物权，[1] 绝大多数（有价证券交付权利凭证设立[2]）以登记为生效要件。仅以应收账款质权为例。出质应收账款的合法性、真实性和权利瑕疵直接影响担保公司质权的实现。《应收账款质押登记办法》规定人民银行对应收账款质押登记是形式审查，[3] 担保公司只要通过应收账款质押登记公示系统注册的用户、密码进入系统，就可办理应收账款质权的设立、变更和注销登记，并自行承担登记风险。笔者认为担保公司应做好出质应收账款的实质审查；认真挑选系统登录员防控登记操作法律风险；严格执行保后监管制度，防控反担保人怠于行使或放弃出质债权等法律风险。

四、反担保物权实现法律风险与防控措施

反担保物权的实现关系担保公司代偿款能否快捷、充分地得到清偿，因而是反担保物权最重要的效力。

---

[1] 朱岩：《物权法草案中"权利质权"规定内容评析》，中国民商法律网，2007年2月13日。

[2] 《物权法》第二百二十四条：以汇票、支票、本票、债券、存款单、仓单、提单出质的，当事人应当订立书面合同。质权自权利凭证交付质权人时设立；没有权利凭证的，质权自有关部门办理出质登记时设立。

[3] 严之：《物权法视角下的应收账款质权——银行对应收账款质押贷款的应对政策》，中国民商法律网，2007年5月7日。

（一）实现方法方面

《物权法》规定，①反担保物权的实现方法包括当事人协议实现和请求法院实现。担保公司可结合追偿实际择优选择。

协议实现是指担保公司在反担保物权实现的条件成就时，与反担保人达成协议，通过将反担保财产折价取得其所有权或以拍卖、变卖该反担保财产所得价款优先受偿来实现反担保物权。尽管协议实现是反担保人和担保公司双方真实意思表示一致的结果，但为防控反担保人的其他债权人行使撤销权法律风险的发生，协议中反担保财产折给担保公司的价格或双方同意变卖给第三人的价格不能过分低于市场价格。②值得一提的是，协议实现既不是签订反担保合同时事先约定"债务人不履行到期债务时反担保财产归担保公司所有"，也不是"反担保人自愿将反担保财产过户到担保公司名下，债务人履行债务后，担保公司将反担保财产返还给反担保人；反之，反担保财产归担保公司所有，担保公司有权处置该反担保财产以偿还债务人的债务"。前者是禁止流押（质），为《物权法》所禁止；后者是让与担保，不被我国现行法所承认。实务中，担保公司应避免将三者混淆。

现实中，担保公司与反担保人很少能协商一致实现反担保物

---

① 《物权法》第一百九十五条：债务人不履行到期债务或者发生当事人约定的实现抵押权的情形，抵押权人可以与抵押人协议以抵押财产折价或者以拍卖、变卖该抵押财产所得的价款优先受偿。协议损害其他债权人利益的，其他债权人可以在知道或者应当知道撤销事由之日起一年内请求人民法院撤销该协议。

抵押权人与抵押人未就抵押权实现方式达成协议的，抵押权人可以请求人民法院拍卖、变卖抵押财产。

抵押财产折价或者变卖的，应当参照市场价格。

《物权法》第二百一十九条第二款：债务人不履行到期债务或者发生当事人约定的实现质权的情形，质权人可以与出质人协议以质押财产折价，也可以就拍卖、变卖质押财产所得的价款优先受偿。

质押财产折价或者变卖的，应当参照市场价格。

② 参见《物权法》第一百九十五条第一款和第三款规定。

权,大多数还是靠请求法院来实现。新《民诉法》出台前,因反担保合同和他项权利证书不在法院执行依据之列,执行依据法定原则又是我国现行法坚守的基本原则,全国鲜有法院依据《物权法》第一百九十五条第二款规定①强制执行反担保人,担保公司不得不继续按《担保法》第五十三条规定,先行向管辖法院起诉,再依据法院生效判决或调解书申请强制执行反担保人。新《民诉法》为《物权法》该条规定创设了特别程序,②从程序上排除了非诉不能申请强制执行。司法实践中,越来越多的法院依据新《民诉法》发出实现担保物权裁定书。该特别程序无须按诉讼标的额缴纳诉讼费,又施行一审终审且一般在立案之日起30日内或公告期满后30日内审结。担保公司完全可申请按该程序便捷、高效、低成本地实现反担保物权。但据笔者了解,目前担保公司仍大量通过诉讼程序实现反担保物权。为防控内部人员不了解新法直接走诉讼程序和外聘代理律师为收取诉讼阶段律师费又不愿申请走特别程序法律风险的发生,笔者认为担保公司应加大新法的培训和宣传力度并敦促案件代理人依此程序申请实现反担保物权。

(二) 权利冲突方面

从《物权法》第一百七十条规定③可看出,担保公司反担保物

---

① 《物权法》第一百九十五条第二款规定:抵押权人与抵押人未就抵押权实现方式达成协议的,抵押权人可以请求人民法院拍卖、变卖抵押财产。

② 《民事诉讼法》第一百九十六条:申请实现担保物权,由担保物权人以及其他有权请求实现担保物权的人依照物权法等法律,向担保财产所在地或者担保物权登记地基层人民法院提出。

《民事诉讼法》第一百九十七条:人民法院受理申请后,经审查,符合法律规定的,裁定拍卖、变卖担保财产,当事人依据该裁定可以向人民法院申请执行;不符合法律规定的,裁定驳回申请,当事人可以向人民法院提起诉讼。

③ 《物权法》第一百七十条:担保物权人在债务人不履行到期债务或者发生当事人约定的实现担保物权的情形,依法享有就担保财产优先受偿的权利,但法律另有规定的除外。

权的实现会受到其他权利的限制。① 仅以笔者代理一案中的担保公司对抵押物优先受偿权受到承租权限制为例。

该案中的执行法院在委托拍卖公司拍卖反担保人张某抵押给担保公司的别墅时,第三人刘某向法院递交一份租期20年、已一次性付清租金且在《反担保抵押合同》前一日签订的《房屋租赁合同》来对抗。尽管笔者多次与法院沟通,无奈该案还是一度被耽搁,造成担保公司不能当年实现抵押权。本案中,担保公司严格按《物权法》第一百八十五条、第一百八十七条和《城市房地产管理法》第四十八条规定,与张某签有书面抵押合同并在房产局办理了抵押登记,但刘某的承租权设立在先,且符合《合同法》第二百一十五条、《城市房地产管理法》第五十四条至第五十五条规定和合肥市人民政府房屋租赁政策。由于抵押权以支配不转移占有抵押别墅的

---

① 《合同法》第二百八十六条:发包人未按照约定支付价款的,承包人可以催告发包人在合理期限内支付价款。发包人逾期不支付的,除按照建设工程的性质不宜折价、拍卖的以外,承包人可以与发包人协议将该工程折价,也可以申请人民法院将该工程依法拍卖。建设工程的价款就该工程折价或者拍卖的价款优先受偿。

《海商法》第二十四条:因行使船舶优先权产生的诉讼费用,保存、拍卖船舶和分配船舶价款产生的费用,以及为海事请求人的共同利益而支付的其他费用,应当从船舶拍卖所得价款中先行拨付。

《海商法》第二十五条:船舶优先权先于船舶留置权受偿,船舶抵押权后于船舶留置权受偿。前款所称船舶留置权,是指造船人、修船人在合同另一方未履行合同时,可以留置所占有的船舶,以保证造船费用或者修船费用得以偿还的权利。船舶留置权在造船人、修船人不再占有所造或者所修的船舶时消灭。

《民用航空法》第二十一条:为了债权人的共同利益,在执行人民法院判决以及拍卖过程中产生的费用,应当从民用航空器拍卖所得价款中先行拨付。

《民用航空法》第二十二条:民用航空器优先权先于民用航空器抵押权受偿。

《税收征收管理法》第四十五条:税务机关征收税款,税收优先于无担保债权,法律另有规定的除外;纳税人欠缴的税款发生在纳税人以其财产设定抵押、质押或者纳税人的财产被留置之前的,税收应当先于抵押权、质权、留置权执行。

新《城市房地产管理法》第五十一条:设定房地产抵押权的土地使用权是以划拨方式取得的,依法拍卖该房地产后,应当从拍卖所得的价款中缴纳相当于应缴纳的土地使用权出让金的款额后,抵押权人方可优先受偿。

《物权法》第一百九十条:订立抵押合同前抵押财产已出租的,原租赁关系不受该抵押权的影响。抵押权设立后抵押财产出租的,该租赁关系不得对抗已登记的抵押权。

交换价值确保债权的清偿为目的，承租权以占有并使用别墅的实体为目的，当别墅的抵押权和承租权分属担保公司和刘某两个不同的民事主体，依据《物权法》第一百九十条规定，担保公司抵押权的实现必然受到刘某承租权的限制。鉴于此，笔者认为担保公司应做好保前调查，审慎接收该类财产或降低抵（质）押率；同时完善保后监管，对反担保人在合同中陈述和声明无任何权利瑕疵的反担保物（权利），跟踪发现有权利瑕疵的，可通过消除权利瑕疵、补充反担保或提前行权等有针对性的措施防控此类法律风险的发生。

参考文献

[1] 刘新来主编：《信用担保概论与实务》（修订版），北京，经济科学出版社，2006。

[2]《中国指导案例》编委会编：《人民法院指导案例裁判要旨汇览——借款·担保卷》，第402页，北京，中国法制出版社，2014年1月第1版。

[3]《中华人民共和国公司法案例注释版》，北京，中国法制出版社，2013年3月第2版。

[4] 全国人大常委会法制工作委员会民法室编：《中华人民共和国物权法条文说明、立法理由及相关规定》，北京，北京大学出版社，2007-03。

[5] 徐海燕、李莉著：《物权担保前沿理论与实务探讨》，北京，中国法制出版社，2012。

[6] 车辉：《对反担保法律适用问题的思考》，载《法律适用》，2006（8）。

[7] 宁金成：《公司违反章程规定对外担保的效力研究——以〈公司法〉第十六条第一款的适用为分析背景》，载《郑州大学学

报》，2011（4）。

［8］顾吉珉：《对〈公司法〉第十六条强制性意义的不同解读》，载《中国担保论坛》，2011（1）。

［9］陈桂平：《股权转让纠纷——政府连带担保效力如何？》，北大法律信息网，2013年12月30日。

［10］王冠华：《商事活动中的公司印章规则》，法律教育网·民商专题，2013年1月9日。

［11］朱岩：《物权法草案中"权利质权"规定内容评析》，中国民商法律网，2007年2月13日。

［12］严之：《物权法视角下的应收账款质权——银行对应收账款质押贷款的应对政策》，中国民商法律网，2007年5月7日。

［13］李开翠：《融资性担保机构诉讼追偿若干法律问题初探》，载《中国担保》，2013（1）。

我国中小企业私募债券的增信制度研究

广东中盈盛达融资担保投资股份有限公司　刘淑君

摘要：中小企业私募债券制度为解决中小企业的融资难问题开辟了一条新的路径。然而，由于中小企业自身条件上的市场信誉度、资信能力上的先天不足和评价标准不统一以及受外在债券市场不成熟，配套法律与监管制度不健全等增信问题的影响，增加了中小企业私募债券市场风险的评估与掌控难度，也加深了中小企业私募债券融资市场风险的不确定性，制约了中小企业私募债券的长效发展。基于此，笔者在分析我国中小企业私募债券基础理论，运行情况以及增信困境的基础上，提出建构健全的增信制度以缓解中小企业私募债券市场的风险不确定性，为中小企业解决融资难问题提供一种规范性保障。

关键词：中小企业　私募债券　增信制度

随着2012年深圳证券交易所和上海证券交易所分别颁布《中小企业私募债券业务试点办法》（以下简称《试点办法》），也就标志着我国开始启动了引人注目的中小企业私募债券业务。根据和讯（以下简称Wind资讯）资讯统计，截至2013年12月，全国中小企业私募债券业务试点，已从2012年6月的10个扩张至21个，而且新疆、西藏也有望在年底加入试点范围。目前中小企业私募债券市场发行中小企业私募债接近 200 只，募集资金年规模将近 500 亿元。① 然而，中小企业私募债券从推出至今接近两年，仍处于缓慢发展阶段，尚未出现井喷式发展，这与国外与之类似的高收益债券在资本市场中的待遇稍有落差，究其原因，这与我国中小企业债券增信体系尚未完善不无关系。因此，完善我国中小企业私募债券增信制度的现实意义及实践价值不言而喻。

一、中小企业私募债券增信制度之研究范式

（一）中小企业私募债券增信制度之理论起源与发展

债券增信是债券信用增级的简称。债券信用增级，即指发行债券的主体为了达成吸引更多投资者进行投资的目的，积极革新债券发行条件以削减发行成本，运用各种有效措施或者金融工具，使得与债券原始信用有关的不确定因素得以降低，最终使得债券信用评级提高的行为手段。

顾名思义，中小企业私募债券增信，就是发行私募债券的中小企业通过不断改善自身的条件或者通过一定的渠道抑或中介组织，使得被隐藏的与信用相关的信息得以显性化，以此来提升本身的信用级别，从而与各投资主体的要求相对接的行为手段。值得一提的是，此处所指中小企业，既包括在中国境内注册的有限责任公司，也包括股份有限公司。其在增信过程中所依托的各组织或渠道，既包括正式性的，如专业性第三方担保、保险公司等，也包括非正式性的，如自发形成的信用合作组织等。中小企业具有天然的市场灵活性等优势，但也具有松散性与脆弱性等劣势。中小企业所具有的

---

① 根据 Wind 资讯关于中小企业私募债券相关数据整理，http://lib.jxufe.edu.cn/main/WIND.html. 2013 年 4 月 1 日。

天然劣势成为阻碍其成功发行债券的一大阻力。各中小企业在发行私募债券的过程中,只有提高自身信用等级,才能有效保障投资者的信赖利益与投资权益,增强其投资信心,进而保障中小企业私募债券得以顺利发行。可见,中小企业私募债券增信制度创新性地拓宽了中小企业融资渠道,为解决中小企业融资难问题提供了新思路。

中小企业私募债券增信制度的建立依托于各类增信手段或方式的运用。依据中小企业在增信过程中发挥作用的不同,可将各增信方式划分为内部信用增级和外部信用增级两大类。其中,内部信用增级是指中小企业在私募债券前或者私募债券过程中,通过市场声誉的提高、资产积累的增加、资产结构的优化及经营管理的改善等,来分散自身的信用风险,最终使信用水平提高;外部信用增级则是发行私募债券的中小企业依靠金融创新、制度环境及第三方机构等手段使自身信用增级,通过信用评级的提升为其私募债券的顺利实现提供服务。

(二) 我国建立中小企业私募债券增信制度的内生性责任需求

有利于中小企业私募债券的稳步发展。首先,确保中小企业私募债券发行的稳定性。由于中小企业私募债券只能以非公开的方式发行,这就意味着其发行过程只针对特定少数人进行,在发行后债券也无法公开转让,其结果便是持有债券的投资者一般只能长期持有,较难灵活转让,相对公募而言,其寻找下一家交易的难度也较大。若债券公司陷入经营管理困境,信用风险加大,导致债券的价值出现下跌的话,转让的难度将进一步加大。只有通过提高信用级别,降低风险,才能确保债券发行稳定性,提高债券交易的安全性。

其次,降低中小企业私募债券融资成本。根据相关规定,私募债券发行利率不得超过同期银行贷款基准利率的3倍。根据近期银行贷款基准利率以及私募债券的发行情况来看，其发行利率一般介于7%～13.5%，相对于其他品种债券来说该种债券处于较高水平。对于中小企业来说，较高的融资利率为其带来了较大的利息支出负担，同时考虑到其他费用支出的因素，企业融资成本较高。从沪深证券交易所实际发行私募债券的情况来看，目前发行的私募债券年利率均在7%～13.5%，发债企业需要支付较高的利息费用。而建立中小企业私募债券增信制度，使得私募债券年利率降到限度范围的最低值成为可能，这就在最大程度上降低了中小企业私募债券发行成本。

最后，使得中小企业私募债券的流通性增强。正如前文所述，私募债券由"熟人社会"向"陌生人社会"或者"半熟人社会"转化的同时，私募债券的高风险也就暴露。

建立中小企业私募债券增信制度，对中小企业所发行的私募债券进行分离、辨析、提升和重组，一方面极大地降低了债券发行者违约的概率，另一方面也降低了投资者因发行方的违约而要承担的损失和风险，增强了投资者投资私募债券的信心。投资者投资信心的增强必将带动中小企业私募债券的流通性，既拓宽了中小企业融资渠道，又使得投资者收益增加，实现了投资者与债券发行者的双赢。

（三）保障中小企业私募债券参与主体的权益需求

在信息不对称的市场中，一种新的金融产品能否为市场接受，很大程度上取决于发起人、担保人、承销商和投资者等多个主体的态度。这些主体在债券增信过程中能否在利益获取方面达成均衡，将直接决定增信的成功与否。在私募债券发行过程中，各种债券增信手段所产生的效果是不同的，各个中小企业私募债券参与主体可以根据市场需求及自身实际情况，对其是否有必要参与私募债券增信过程及参与何种私募债券增信方式作出自己的判断。总体而言，信用增级对中小企业私募债券的发行者和投资者以及其他参与主体都具有重要意义：

第一，中小企业私募债券增信制度对于私募债券发行者的作用最为直接和明显。这表现在多个方面：首先，降低了中小企业私募债券发行成本，前文已经提到，在此不再赘述；其次，中小企业私募债券发行者通过对所募集债券原始信用增级而拓宽了筹资渠道：一方面，部分发行者由于自身等级较低问题，难以进入私募债券发行的准入门槛，而通过适合自身的增信措施，可以实现债券的发行，获得融资机会；另一方面，通过对中小企业私募债券原始信用增级，降低其风险性以及违约损失，在一定程度上加快中小企业私募债券销售速度。根据实践资料所示，2012年9月以来，中小企业私募债券的发行速度放缓，进入发债瓶颈期，究其原因，主要是中小企业私募债券发行准入门槛较低，信用级别较低，采用备案注册制度，法律对中小企业私募债券的硬性规定相较于其他债券品种的发行较为宽松，给予了较大自由度与发展空间，这在一定程度上给予了中小企业私募债券成长与发展的空间。但这也在一定程度上增加了私募债券市场的风险。大多数投资者对中小企业私募债券的认识不多，在市场自主判别风险、承担损失的情况下，出于投资的谨慎性与适当性，中小企业私募债券的发行尚未取得投资者的广泛认可与信赖。因此，通过信用增级，可以显著提升市场对中小企业私募债券的需求，从而解决发行的难题。

第二，中小企业私募债券增信制度提高了投资者投资中小企业私募债券的信心，稳定了投资者收益。信用增级在一定程度上能减缓中小企业私募债券高风险给债券资本市场造成的压力，提高了部分投资者投资中小企业私募债券的信心。另外,信用级别的增加,在微观上保障了投资者权益,在宏观上提供了资本市场稳定的环境。比如在2010年中关村高新技术中小企业集合债券中,参与发行企业总数有13家,总规模达到为3.83亿元,参与评级机构为大公国际公司,债券评级系AA+。其中,参与发债企业的信用级别情况如下:3家A-至A+级;10家BBB-至BBB+级。地杰通信(信用评级为BBB+)作为发债企业成员之一,参与发行数额为4 000万元债券。然而,根据2012年关于该债券的跟踪评级报告,13家发债企业中,有3家企业的评级因经营情况恶化等原因相继下调信用级别。其中地杰通信更是由原来的BBB+级降至CC级,因经营情况继续恶化而成为我国中小企业集合债券信用风险违约首例。2012年初,其正式向发债担保人北京中关村科技担保公司发出履行担保责任的申请,合计支付4 412.4万元债券兑付成本。[①] 可见,在中小企业私募债券增信制度缺失的情况下,中小企业私募债券市场具有极大的不稳定性,投资者的收益极不稳定。而建立中小企业私募债券市场信用保障体系,充分发挥中小企业私募债券增信制度作用,把中小企业私募债券的风险降到最低,投资者的收益也才能得以稳定。

第三,中小企业私募债券增信制度有利于债券市场的整体繁荣。债券增信制度有利于分散市场风险,提高债券市场的融资效率,从而促进债券市场的发展,这在前面已经得到论证。而债券市场的分散,仅靠债券发行者、投资及政府的力量是难以完成的,在很大程度上还是取决于市场的力量。正如前文所述,一种新的金融产品能否为市场接受,很大程度上取决于发起人、担保人、承销商

---

① 中国经济网:《首例重大违约事件现身集合债》,http://finance.cn/rolling/201201/06/t20120106_16701079.shtml,2012年1月6日发布,2013年5月8日上午访问。

和投资者等多个主体的态度。可见,中小企业私募债券的顺利发行,很多情况下需要借助自身之外的承销商、担保方等第三方主体。正是这些第三方主体的参与,我国债券市场才逐渐走向成熟。中小企业私募债券业务的启动,对于这些第三方主体而言更是商机。总之,中小企业私募债券业务的启动需要建立与之配套的中小企业私募债券增信制度,而后者的建立对于我国债券市场的繁荣乃至整个社会经济的发展意义重大。

二、我国中小企业私募债券增信制度的困境与省思

为深入剖析私募债券市场增信状况,根据 Wind 资讯公布的 2012 年中小企业私募债券发行情况,发行私募债券的有 165 家中小企业,发行规模总量达 209.35 亿元,笔者参照这些基本数据,按照行业、所在行业企业数量、行业发行规模总量、债券信用级别及其相关数量、增信机构性质及相关数量、增信方式等板块进行分类统计与分析,对现有私募债券内外部增信情况梳理。

表 1　　2012 年度中小企业私募债券发行情况一览表[①]

行业	企业数量(家)	发行规模总量(亿元)	债券信用级别	数量	增信机构性质	数量	增信方式	该行业发行规模占总规模百分比(%)
消费者服务Ⅱ	14	25.5	A级以上	6	专门担保机构	1	不可撤销连带责任担保 房地产抵押	12.25
			B级以上	0	国有企业	2		
			C级以上	0	自身或关联企业	3		
			无评级	8	自然人	0		
					无担保	8		

[①] 数据来源于 Wind 资讯中小企业私募债券板块,http://lib.jxufe.edu.cn/main/WIND.html.,最后访问时间为 2013 年 9 月 20 日。

续表

行业	企业数量（家）	发行规模总量（亿元）	债券信用级别	数量	增信机构性质	数量	增信方式	该行业发行规模占总规模百分比（%）
材料Ⅱ	25	23.8	A级以上	3	专门担保机构	4	抵押担保 质押担保 不可撤销连带 责任担保 保证担保	11.43
			B级以上	0	国有企业	3		
			C级以上	0	自身或关联企业	4		
			无评级	22	自然人	2		
					无担保	12		
食品、饮料与烟草	13	12.9	A级以上	0	专门担保机构	0	全额无条件 不可撤销的 连带责任 保证担保 股权质押担保	6.20
			B级以上	0	国有企业	2		
			C级以上	0	自身或关联企业	1		
			无评级	13	自然人	0		
					无担保	10		
资本货物	37	44.4	A级以上	6	专门担保机构	1	不可撤销 连带责任担保 抵押担保	21.13
			B级以上	0	国有企业	1		
			C级以上	0	自身或关联企业	2		
			无评级	31	自然人	1		
					无担保	32		
公用事业Ⅱ	9	18.0	A级以上	0	专门担保机构	0	无条件 不可撤销 连带责任担保	8.64
			B级以上	0	国有企业	1		
			C级以上	0	自身或关联企业	0		
			无评级	9	自然人	0		
					无担保	8		
软件服务与硬件设备	12	12.3	A级以上	0	专门担保机构	3	提供全额 无条件不可 撤销的连带 责任保证担保 全额不可撤销 还本付息担保	5.90
			B级以上	1	国有企业	0		
			C级以上	0	自身或关联企业	1		
			无评级	11	自然人	0		
					无担保	8		

续表

行业	企业数量（家）	发行规模总量（亿元）	债券信用级别	数量	增信机构性质	数量	增信方式	该行业发行规模占总规模百分比（%）
制药、生物科技与生命科学	7	12.5	A级以上	3	专门担保机构	1	担保人承担保证责任的期间为债券存续期及债券到期之日起两年	6.00
			B级以上	0	国有企业	0		
			C级以上	0	自身或关联企业	1		
			无评级	4	自然人	1		
					无担保	4		
商业和专业服务	6	12.5	A级以上	1	专门担保机构	0	保证担保	6.00
			B级以上	0	国有企业	0		
			C级以上	0	自身或关联企业	2		
			无评级	5	自然人	1		
					无担保	3		
零售业	5	4.20	A级以上	0	专门担保机构	0	不可撤销连带责任担保	2.02
			B级以上	0	国有企业	0		
			C级以上	0	自身或关联企业	0		
			无评级	5	自然人	1		
					无担保	4		
耐用消费品与服装	6	7.20	A级以上	2	专门担保机构	0	保证担保	3.45
			B级以上	0	国有企业	0		
			C级以上	0	自身或关联企业	2		
			无评级	4	自然人	0		
					无担保	4		
半导体生产与能源Ⅱ	5	8.50	A级以上	1	专门担保机构	0	股权质押	4.08
			B级以上	0	国有企业	0		
			C级以上	0	自身或关联企业	0		
			无评级	4	自然人	1		
					无担保	4		

续表

行业	企业数量（家）	发行规模总量（亿元）	债券信用级别	数量	增信机构性质	数量	增信方式	该行业发行规模占总规模百分比（%）
多元金融	4	4.05	A级以上	1	专门担保机构	2	保证担保	1.95
			B级以上	0	国有企业	0		
			C级以上	0	自身或关联企业	0		
			无评级	3	自然人	0		
					无担保	2		
媒体Ⅱ	9	9.50	A级以上	3	专门担保机构	0	—	4.56
			B级以上	0	国有企业	0		
			C级以上	0	自身或关联企业	0		
			无评级	6	自然人	0		
					无担保	9		
运输业	6	10.0	A级以上	2	专门担保机构	0	担保人承担保证责任的期间为债券存续期及债券到期之日后六个月止	4.80
			B级以上	0	国有企业	0		
			C级以上	0	自身或关联企业	2		
			无评级	4	自然人	0		
					无担保	4		
房地产	6	10.0	A级以上	1	专门担保机构	0	担保人承担保证责任的期间为债券发行之日起至债券履行期届满后两年	4.80
			B级以上	0	国有企业	3		
			C级以上	0	自身或关联企业	0		
			无评级	5	自然人	0		
					无担保	3		

备注：上述165家中小企业中，仅有11家企业具有信用评级，且11家企业中有10家企业在A级（包括A-级）以上，另外一家企业级别是BBB+级，均符合投资级别债券。其余154家中小企业均不具有企业主体信用评级。

（一）增信渠道狭窄

依据表1按照参与发行债券所采用增信机构与增信方式分析，

165只中小企业私募债券发行采用债券增信的债券共有50只，占发行中小企业私募债券发行总数的30.30%；尚未采用债券增信的债券共有115只，占发行中小企业私募债发行总数的69.90%。另外，对增信方式进行分析，参加发债且采用增信方式的中小企业主要采用第三方不可撤销连带责任担保、专业担保机构保证担保、房地产抵押、股权质押方式四种增信方式。可见，我国中小企业私募债券市场的增信渠道比较局限。在我国中小企业私募债券市场中，通过拓宽增信渠道以助中小企业私募债券顺利发行的思路尚未体现。笔者认为有如下原因：一是大多数中小企业的金融安全意识薄弱。在逐利的市场经济中，多数企业只求融资捷径，很少考虑融资安全性。二是我国中小企业私募债券市场增信渠道实效不高。若市场增信体系不能为发债中小企业其设计一套符合该企业经济效益的增信措施，最后所谓的增信效果可能会适得其反，中小企业作为市场中"理性的经济人"，自然也会因此选择放弃采用增信措施以减轻高昂的成本负担。绝大部分的中小企业融资之时尚未采用增信措施的现象应当引起市场各类主体的注意与反思。

进一步分析企业使用增信措施的具体情况。就外部增信而言，共有39只债券主要采用专门担保机构[①]担保、地方国企担保、企业自身及其关联企业或第三方企业担保、自然人担保。必须指出的是，此处若该企业自身所提供的增信措施或自然人所提供的增信措施为抵押、质押担保等担保方式，且该自然人本身均为发债企业实际控制人、股东及其配偶，此种担保方式笔者将其归为属于内部增信措施。因此，若部分企业采用自身固定资产、存货等

---

① 为了统计精确性，部分属于地方国企性质的专门担保机构仅列入专门担保机构的分类，不再在地方国企分类重复计算。

物资或自然人提供股权、资金、房产等抵押或者质押担保则为内部增信，此处统计采用内部增信的私募债券共 11 只。采用企业自身资产提供担保的私募债券共有 4 只，占内部增信方式的私募债券总数的 36.36%，占采用增信方式债券总数的 8%；自然人提供担保的私募债券共有 7 只，占内部增信方式的私募债券总数的 63.63%，占采用增信方式债券总数的 14%。另外，在外部增信中，采用专门担保机构的私募债券共有 12 只，占外部增信方式总数的 30.77%，占采用增信方式债券总数的 24%；采用地方国企担保的私募债券共有 12 只，占外部增信方式总数的 30.77%，占采用增信方式债券总数的 24%；采用关联企业或第三方企业担保的私募债券共有 15 只，占外部增信方式总数的 38.45%，占采用增信方式债券总数的 30%。

因此，上述采用增信方式的中小企业私募债券中以第三方担保的外部增信措施为主，以采用股权、房地产、设备等抵押、质押的内部增信措施为辅。进一步分析，在外部增信措施中，大多数中小企业更倾向于采用外部增信措施企业自身关联企业与第三方企业担保，采用专门担保机构与地方国企提供担保的方式则成为第二选择。而在内部增信措施中，采用自然人提供资产担保为主，企业资产提供担保为辅。综上所述可说明以下两点问题，一是我国中小企业私募债券市场的传统增信模式处于瓶颈期亟待改革与突破；二是我国中小企业私募债券市场建立多渠道创新型增信体系任重而道远。

1. 传统增信模式具有局限性。自 2007 年以后中国银监会颁布《关于有效防范企业债担保风险的意见》以禁止银行对企业（公司）债券进行担保这一规定以及 2010 年国务院颁发的《国务院关于加强地方政府融资平台公司管理有关问题的通知》取消应收账款质押增信方式①后，第三方担保成为我国债券市场增信体系的主流。但传统的第三方担保模式存在一定的局限性致使传统增信措施一直难以在私募债券市场得以普及与发展。而在传统的增信模式中，其局限性主要表现为：

一是专门担保机构的缺陷。从表1可见，在50只采用增信措施的私募债券中，采用专门担保机构提供担保的共有12只。中小企业之所以较少采用专门担保机构提供担保主要与以下因素相关：其一，高昂担保费用增加发行成本。按照担保行业的收费标准，发行私募债券的担保费用一般按照该债券发行金额的1.5%～4%/年核定收取。若根据目前私募债券发行的平均票面利率9.08%为基准计算，发行债券的平均成本将达到甚至很大可能超过12%；其二，复杂严格的反担保措施增加发行难度。提供反担保已成为专门担保公司开展业务的风险防范的必备要素，中小企业私募债券的发行在请求专门担保公司提供担保的同时，同样需要提供房地、股票、债券、固定资产、存货等相关措施履行反担保责任。然而，大多中小企业的反担保措施能力较为薄弱，更多时候即使能提供反担保措施也未必符合专门担保公司像银行规格般的反担保措施标准，或者更多的中小企业缺少提供上述抵（质）押物的能力；其三，就专门担保机构行业及其自身情况而言，除了少数属于具有国企背景且信用评级在AA级以上的担保公司具有良好的运筹资本与抗风险能力外，诸多的担保公司同为中小型企业，注册资本不高，规模较小，存在

---

① 该通知明确提出"坚决制止地方政府违规担保承诺行为，除法律和国务院另有规定除外，地方各级政府及其所属部门、机构和主要依靠财政拨款的经费补助事业单位，均不得以财政性收入、行政事业等单位的国有资产，或者其他任何直接、间接形式为融资平台公司融资行为提供担保。""禁止地方政府以直接、间接形式为融资平台公司提供担保，包括但不限于下列各种形式：为融资平台公司融资行为出具担保函；承诺在融资平台公司偿债出现困难时，给予流动性支持，提供临时性偿债基金；承诺当融资平台公司不能偿付债务时，承担部分偿债责任；承诺将融资平台公司的偿债资金安排纳入政府预算。"

担保能力不足、抗风险能力弱等中小企业的天然缺陷性。若中小型担保机构稍有不慎遇到经营风险，相关增信的债券抗风险能力则迅速降低，投资者的利益同样受到威胁。因此，如何提高专门担保机构行业的专业能力、抗风险能力、降低担保门槛等问题成为完善传统增信模式的关键突破口。

二是以地方政府支持为背景的国企担保力量不足。根据表1数据可见，参与发行中小企业私募债券的17个行业中，仅有房地产行业的3家企业、资本货物行业1家企业、公共事业Ⅱ行业1家企业、食品饮料与烟草行业2家企业、材料Ⅱ行业3家企业以及消费者服务Ⅱ行业2家企业6个行业12家企业寻求地方国企增信力量。地方国企资金雄厚，具有政府背景的支撑或者具有国家产业政策扶持的背景，其所提供的增信方式一般为全额不可撤销连带责任。发债中小企业若能成功采用地方国企提供担保，债券级别无疑直接提升，风险系数无疑直接降低。在尚未发展成熟的私募债券市场中，更多地需要稳健强大的资金链的支撑才足以降低风险，促进发行，以吸引更多投资者的青睐，才能继续发展私募债券市场，使其成熟完善。在国企作为中小企业私募债券增信体系发展强大的重要力量在私募债券市场普及程度不深，尚未能完全发挥其增信促进发行维护金融安全的强大作用，见表1。

三是企业自身及其关联企业或自然人提供的担保存在一定局限性。虽然前述担保方式相较于专门担保机构以及地方国企提供担保更为灵活、简便，成本相对低，更能体现交易主体的意思自治原则。该类主体一般提供连带责任担保或者适用房地、上市公司股权、债券、不动产收费权等抵（质）押。然而，由于其所担保的私募债券总额不能得超过该抵押物自身的价值，因此抵押物折价现象普遍存在。然而中介公司包括证券公司、担保人或者评估公司等对相同抵押物的价值认定尚未存在统一标准与共识。同一抵押物的价值不同，机构将得到不同的认定并将导致发债成本不一，发债风险不确定。另外，此类主体通常缺乏专业性以及规模能力局限性所衍生的问题同样制约其目前作为市场增信主体的作用发挥。此类增信主体往往受金融风险判断能力较弱、市场发展趋势预警能力较低以及自身能力局限性的影响，其一般只能提供一定期限内的保证担保，担保时效短，担保能力不高，很难更大程度地降低发债债券的风险。

2. 新兴增信方式未得到有效运用。目前我国常使用的增信措施中，外部增信措施包括专门担保机构提供担保、企业自身或者其他关联企业提供担保、地方国企提供担保以及自然人连带责任提供担保；内部增信措施则为房产、土地抵押以及股权、债券、应收账款等质押。结合国内外私募债券市场增信措施发展情况及经验，我国中小企业私募债券市场还可以继续拓宽现有增信渠道，使现有增信体系更立体化与多样化。目前我国私募债券市场中，也有部分债券采用信用评级制度作为增信措施，但从表 1 数据可知，上述 165 只中小企业私募债券中参与私募债券信用评级的中小企业私募债券共有 30 只，仅占发行总数的 18.18%，而没有参与信用评级的占据大部分，共有 135 只，占发行总数的 81.82%。其中信用级别在 A 级（包含 A - 级）以上的共有 29 只，占参与发行私募债券总数的 17.58%；信用级别在 B 级（包含 B - 级）以上的共有 1 只，占参与发行占总数的 0.06%。我国信用评级制度尚未能在我国中小企业市场发挥域外市场信用评级制度的重要作用，因此该项制度应当得到重视并重点推广，已激活私募债券市场的活力。目前尚未使用的外部增信措施包括商业保险、专业债券保险机构、专业债券增信机构、债券信用评级制度以及信用风险缓释工具（CRM）；尚未使用的内部增信措施包括设置偿债保障金、设置投资者回售选择权、政府贴息以及资产结构化分层模式等。

（二）主体信用评级制度价值空置

独立、权威、公正的信用评级机构是资本市场健康发展的重要组成部分。信用建设处于初始阶段的表现之一为企业信用风险管理水平尚处于萌芽阶段，难以与发达国家完善的信用体系比配，故而常规的信用评级方法难以直接移植到我国的信用市场用于评价企业的信用级别，需要多种价值因素与评估方法相互考虑方能解决问题。这就决定了我国目前的信用评级制度主观色彩依然较重，亟须建立一套客观可控的主题信用评级制度。依据表1，上述165家中小企业中，仅有11家企业做过信用评级，且11家企业中有10家企业在A级（包括A－级）以上，另外一家企业级别是BBB＋级，均符合投资级别债券。其余154家中小企业均不具有企业主体信用评级。这充分说明了信用评级制度在我国中小企业私募债券市场中尚未普及。私募债券的发债主体若通过标准化的债券信用评级，则便于投资者作出是否投资以及如何投资的抉择。

可见，我国中小企业私募债券市场迫切需要完善主体信用评级制度，设计符合中小企业发行人自身特色的主体信用评级制度。针对中小企业的特点，中小企业信用评级工作存在以下问题：一是信用评级资料客观性与准确性难以满足市场要求。与大型企业及国企相比，中小企业的财务报表审计缺失、作假等情况较为普遍。即使经过审计，仍存在隐瞒收入或者夸大经营成本等行为，财务信息可能无法真实反映实际经营状况。如果以虚假的财务信息作为评级的依据，将产生不合理地提高或者降低企业的信用级别现象。值得一提的是，较之大型企业，中小企业的财务信息具有隐蔽性与非公开性的特点，导致外部各方对中小企业财务信息及相关状况的获悉具有信息不对称性，获得资料的有限性与准确性均导致中小企业最后所获得的信用评级与其实际情况存在偏差；二是评价方法对中小企业独特属性缺乏嵌合度，难以体现中小企业的独特情况。中小企业的天然属性决定了不能采用传统的常规大企业信用评级方法对其进行信用评级。鉴于中小企业财务指标不完整，难以应用复杂的数学模型来确定其信用等级。相对于大企业而言，中小企业具有高成长、高风险的特点，资产数量少，质量差，抵押比较困难，其信用风险的把握需要予以特别的考虑。其中，应重点考虑中小企业生存成长特点和融资风险特点，在设置评级体系结构和指标时要能较好地与其生存、发展特点和融资风险相对应，注意突出体现影响其生存、成长的因素，同时将对融资风险的防范措施融入指标体系以及对其在市场本身的独特优势等与其他指标进行科学设立和权重分配。

然而在我国私募债券市场尚未完全市场化的阶段中，显然信用评级制度尚未得到重视与发展。一般而言，域外高收益债券市场发债企业的信用级别一般在BBB级以下，通常低于投资级别。尽管其投资门槛较低，只要在增信措施完善的市场体系中也能顺利发行并获得融资机会。虽然我国私募债券发行相关规定对企业准入门槛并未要求严格，但在发债过程中，大部分券商都更倾向于选择主体信用评级较高的企业以降低发行的风险。这在一定程度上无形中提高了中小企业私募债券市场的准入门槛。

（三）私募债券市场监管体系不健全

债券市场监管体系会对债券市场增信制度的建设产生影响，这在前文已经得到论证，笔者在此不再赘述。债券市场监管体系不健全，必然会对债券增信制度建设产生消极影响。目前我国中小企业私募债券的监管主体主要有中国证券监督管理委员会、上海证券交易所、深圳证券交易所、中国证券登记结算有限责任公司以及中国证券业协会。监管依据主要包括《中华人民共和国公司法》（以下简称《公司法》）、《中华人民共和国证券法》（以下简称《证券法》）、《深圳证券交易所中小企业私募债券业务试点办法》、《上海证券交易所中小企业私募债券业务试点办法》和《中小企业私募债券试点登记结算业务实施细则》等法律法规以及各部门规章制度。

然而，在过往一直强调行政监管机构的权责义务的背景下，笔者在此更想强调的是在中小企业私募债券迈向市场化的进程中，应当更多地关注与强调中小企业私募债券发行过程中牵涉的中介机构，如作为承销商的证券公司、作为担保方的担保公司、作为评估方的评估公司的责任。债券市场长期忽略对上述中介机构监管法律政策规范的完善，包括缺乏硬性指标指示，执行行为缺乏力度、缺少相关的引导与鼓励，甚至中介机构与行业在处理业务把握方向的关键时候不能得到及时的指导与处理方向等问题。中介机构在推进私募债券发展过程中缺乏向心力与凝聚力，导致私募债券发行与交易受阻。以评估机构为例，在私募债券发行过程中，评估机构抵、质押标的物评估能力尚待加强。虽然中小企业在发债过程中可通过自有的房产与土地、器械设备等不动产与动产实现私募债券增信。但目前我国资本市场对私募债券抵押、质押标的物的尚未形成统一科学客观的行业标准体系，对评估机构的资质要求、各类资产或者权利的抵押比率、质押比率以及抵押、质押财产评估价值与债券发行规模之间应当存在合理比例关系等均未达成行内共识。监管部门也还未明确规定对评估资产中的不良资产的处置与补救方法，对相关专业评估人员的资质以及工作守则尚未严格细致列明与规定，检查与考核等执业水平与指标尚未明确规定，因此，评级机构在债券市场中经营行为与标准亟待规范与整顿。在以集合债券市场中，2010年中关村高新技术中小企业集合债券中成员企业之一地杰通信违约事件为例,笔者认为在此违约风波中,主承销商、评级公司、担保机构等恐怕也难辞其咎。2011年4月公布的2010年度地杰通信公司年度报告中可见,"公司发行人2010年营业收入由2.91亿元跌至1.64亿元,全年销售额跌幅达44%。一年之内接近一半的业务丢失,营业成本也有等量跌幅(44%),说明公司亏损并非由于传统的成本上升所导致。"① 就一般投资者而言也能明显发现问题的报告,信用评级机构大公国际公司却直至2012年初才对该公司介入调查调整信用级别。更令人质疑的是,大公国际在介入调查1天后立即完成该集合债券13家企业的追踪报告,并对相应企业的信用评级直接下调,不得不令人质疑其尽职调查的合法合理性与该报告的研究价值。除此之外,参与其中的审计事务所、律师事务所也尚未能在此期间及时监督发行人经营情况以及对投资者提出投资警示等义务。所幸,在债券发生违约之时,中关村担保公司能及时挺身履行相应担保责任,将损失降低。由此可见,在中小企业私募债券发行进程中,中介机构在其中的监管义务不容忽视,更应积极强调,落实到位,并应为其监管缺位负法律责任。

(四)我国私募债券信用增级的法律环境不明朗

1. 法律规定层级过低。从法律法规层面来看,《公司法》和《证券法》两部大法对公开发行的规定远远多于对私募发行的规定,使得我国私募发行的法律体系建设没有得到基本法层面上的理论支持。事实上,公开发行的制度已经达到了世界成熟资本市场国家的法制水平,而私募发行制度却远远落后。

从部门规章层面来看,涉及私募发行的部门规章目前包括2004年6月中国人民银行和中国银监会颁布的《商业银行次级债券发行

---

① 中财网:"地杰通信风波:违约恐慌凸显无信用评级之困",http://www.cfi.net.cn/p20120116000588.html.,最后访问时间2012年5月9日。

管理办法》、2004年10月中国证监会颁布的《证券公司债券管理暂行办法》、2004年10月中国保监会颁布的《保险公司次级定期债务管理办法》、2005年4月中国人民银行颁布的《全国银行间债券市场金融债券发行管理办法》等。这些部门规章分别对次级债、金融债等债券类品种作出了规定。

目前，关于中小企业私募债券的规定包括上海证券交易所与深圳证券交易所制定《试点办法》、《指引》和《指南》，中国证券业协会颁发的《办法》和《尽职调查指引》以及中国证券登记结算有限责任公司制定的相关规定。另一关于私募债券的规则为中国银行间市场交易商协会于2011年颁发的《银行间债券市场非金融类企业要债务融资工具非公开定向发行规则》。这些规定都是属于行业自律性规则，法律效力层级较低。

法律层级较低主要体现在两个方面，一方面是关于私募债券的立法层级低于公开发行。公开发行的具体规定多集中在法律层面，而私募发行的详细规定只在部门规章层面进行了详细的规定。另一方面，非金融企业发行债券的法律规定层级低于金融企业发行债券的法律规定层级，金融债券的法律规定在部门规章层面制定，而中小企业私募债券的规定仅仅属于行业自律性规则。而自律性规则在强制执行效力等方面远远低于法律法规和部门规章，如果不将对中小企业私募债券法律规范层级提升一个层次，很有可能导致资本市场的混乱。经济体制如果要发展和改革，对于私募债券这一新产品，就需要法律作出相应的改变以适应这种变化。因此，提升私募债券法律规范的层级是当下一个非常重要的任务。

2. 信息披露制度欠缺效果。信用增级体系的建立与信息披露制度密切相关。尤其在我国担保公司等增信主体规模小、起步晚、发展不完善的背景下，信息披露工作尤其重要。然而，我国的信息披露制度并不完善,一方面是因为投资者不够成熟、债券市场欺诈行为较多,另一方面则是因为信息披露法规的不健全。尽管《全国银行间债券市场金融债券发行管理办法》、《信贷资产证券化基础资产池信息披露有关事项》、《资产支持证券信息披露规则》等法律对信息披露做了规定,并将信息披露主体确定为特殊目的公司(SPV),然而,单一的信息披露主体并不能满足日益复杂的债券化流程,更何况,理论界对于债券应由《公司法》还是《证券法》来调整仍莫衷一是。立法的缺失或者法律法规衔接的不足,导致信息披露规则的模糊,这成为信用增级体系建设的障碍。

仅就我国《证券法》而言,该部法律也缺乏对私募证券信息披露的规范。在关于私募债券的制度设计中,信息披露的范围与限度也就存在一定法律缺位或者不到位现象。在我国证券市场发展与信息披露规范与实践尚未成熟,发行企业信息披露意识薄弱的情况下,有必要在一定限度内提出强制性信息披露要求,监管信息披露过程中的公平性以及对称性。从目前中小企业私募债券募集说明书样本可以看出,现有的信息披露内容大多都是针对发行人自身情况的,真正涉及增信机构的信息披露较少,具有实质性内容的信息披露更是少之又少。投资者难以从募集说明书中获取详尽的信息,比如增信公司的资本充足率概况、杠杆情况、拨备水平等指标,这对债券的发行势必造成一定的影响。

三、我国中小企业私募债券增信制度的实现路径

笔者认为,建立完善的中小企业私募债券增信制度,中小企业自身是基础,包括第三方担保机构在内的市场主体是关键,国家或者政府则是重要推动力。尤其是在我国中小企业私募债券还处于试行阶段,而且我国信用体系不发达的情况下,政府在建立中小企业增信制度过程中的推动作用不可或缺。只有在政府的推动下，我国中小企业私募债券增信制度才会步入正轨，政府才可以适时放手并将进一步的增信制度建设交给市场。然而，从目前情况来看，政府在中小企业私募债券增信过程中所发挥的作用并不明显。在我国中小企业私募债券业务试行之前，2007年中国银监会通过下发《关于有效防范企业担保风险的意见》（银监发［2007］75号）要求各银行一律停止对以项目债为主的企业债券进行担保。在这之前，商业银行凭借其信用优势，一直是企业债券担保的主力军。银监会要求商业银行停止对企业债券进行担保固然能够在一定程度上防止金融危机，但在我国尚未建立完善的债券增信制度的情况下做出此种要求，无疑为时尚早。笔者认为，目前我国中小企业私募债券增信制度的建立与完善，需要中小企业自身、市场主体以及政府等多方努力才能够完成。为了满足业已兴起的中小企业私募债券业务，政府在建立债券增信制度中的作用尤其应该得到凸显。当然，中小企业私募债券增信制度的建设最终要交给市场。具体如下：

（一）创新内部增信制度

诚如前述，内部信用增级是可采用的中小企业私募债券信用增级方式之一。它是指中小企业在私募债券前或者私募债券过程中，通过市场声誉的提高、资产积累的增加、资产结构的优化及经营管理的改善等，来分散自身的信用风险，最终使信用水平提高。而无论具体采取哪种内部增信措施，都要依靠资产库本身，即资产库是内部增信制度的保证。对于我国的中小企业私募债券而言，虽然目前内部增信措施也有案例，而且在方式上比较单一，运用也较少，所以，中小企业私募债券内部增信制度仍存在很大的创新空间。为保证中小企业私募债券的顺利发行，中小企业在设计私募债券方案时，应在最大程度上挖掘增信资源，从而设置有效的增信方式。

1. 扩大抵质押担保物范围。抵质押债券是以抵押或者留置债券发行人的动产和不动产作为担保而发行的债券,债券发行人不能如期还本付息时,债券持有人有权要求处理抵押品或者留置品,以取得本息。目前中小企业私募债券增信措施中的抵押、质押资产的形式包括房、地产权、固定资产抵押,应收账款、股权等。在实施抵(质)押担保制度时,足额的抵押品或者留置品为债券持有人提供了额外的保障,若发行人存在违约行为,债券持有人可以行使抵(质)押权利,通过行使处分权而获得相应的补偿,能产生较好的增信效果。在实践中,一般要求抵押或者质押的资产价值较高,折旧率较低而且变现能力较强,以使得违约时债券持有人权益保障程度更高。同时,应当扩大抵押物的范围。比如知识产权的财产权利质押可以推广使用。若在中小企业私募债市场具体推广,可以以知识产权评估价格作质押登记,公司以知识产权评估价格为债券进行偿债保障,设立该知识产权评估拍卖专用收款账户等。但此举必须要有资产评估公司按照相应的财务报表与正确的估价方法对该知识产权进行评估,以尽量在客观上保障担保公司的利益,同时减少因其他反担保措施如无产权房产等不动产抵押物所产生的风险。作为①但是应该严格落实抵押物、质押物的具体分类标准,可以仿效与借鉴商业银行信贷抵押资产分类标准。最后,在实践过程中应当严格按照"一物一权"原则,制定相关制度以避免重复抵押等问题。

2. 引用中小企业分层集合债券。中小企业分层集合债券是一种与集合债券有一定相似性,但又区别于一般集合债券的全新的债券融资模式。对于集合债券,在我国的债券市场中已经存在。为降低中小企业私募债券风险,《上海证券交易所中小企业私募债券业务

---

① 张帅、杨小玄:《中小企业私募债券信用增级措施的现状与创新》,载《当代经济》,2013(4),第36页。

试点办法》对集合债券也有所规定,即:两个或两个以上的发行人可以采取集合方式发行私募债券。① 就目前发行情况而言,在我国尚未出现集合发行私募债券的中小企业,第十四条规定尚未在实践中发挥其作用与价值。笔者认为,鉴于中小企业存在资产规模较小,整体实力较弱,自身素质与技术创新条件有限,内部管理水平不高以及财务指标状况相对不理想等相较于大企业的市场天然缺陷性,为增强其债券流通性,我国中小企业私募债券内部增信可以借鉴中小企业分层集合债券这一全新的债券融资模式。中小企业分层集合债券是韩国政府为扭转其国内的中小企业在发展过程中过于依赖商业银行贷款的情况,通过其政策性金融机构于1999年推出的一种全新的债券融资模式。受当时亚洲金融危机影响,韩国投资者投资信心受挫,中小企业所发行债券更是无人问津。为恢复投资者投资信心,对金融产品进行有效的信用增级则显得尤为迫切。中小企业分层集合债券就是在这种背景下诞生的,其一经推出,便受到众多投资者的青睐。中小企业分层集合债券实际上就是以垃圾债券为标的资产的金融产品,它借助资产证券化,将不同收益和不同风险的债券重新打包,从而满足不同投资者的需求。将质量较差的标的资产,通过重新打包的方式分散于数量众多的债券,信用风险也就因此得以分散。在债务偿还上,优先层债券会最先获得中小企业偿债资金的偿还后,次优良级债券才能够获得偿还。当中小企业分层集合债券出现违约损失时,只要损失额不超过275亿韩圆,将全额由政策性金融机构承担,投资者只承担超出部分损失。

虽然中小企业分层集合债券操作过程较我国中小企业集合债券而言要复杂得多,但其优势与灵活性却在我国中小企业集合债券之上。目前我国中小企业集合债券主要依靠外部增信,但在我国中小

---

① 《上海证券交易所中小企业私募债券业务试点办法》第十四条。

企业外部增信体系尚未健全的时候，应当考虑如何通过内部增信与外部增信相结合，以内部增信带动外部增信的模式促进私募债券的发行。笔者认为，在推行中小企业私募债券发行过程中，通过对集合发债企业目前的综合实力以及未来发展前景进行评估，对发行债券的价格、利率、发债规模等因素进行考察，将其按照一定的标准进行资产化分层。首先，将资产优良，企业实力较好的债券分为优先发债层级，对其进行信用级别评估，以符合发债的相关标准将其包装推出发行；其次，将资产次优良的企业债券作为第二层级分级，对其进行信用评级的同时，结合外部增信手段对其进行升级与包装推出发行；最后，在前述基础上再对剩下债券进行分级处理再配合以相应的外部增信措施使其同期推出发行。如此，既能优化资产资源分配，又能灵活调度资源，利用第三方担保等主要外部增信措施与资产证券化技术紧密结合，降低风险，双重保障投资者权益。

3. 创建并推广中小企业信用合作联盟。中小企业私募债券增信制度建设与中小企业自身的信用建设是分不开的，一般情况下，中小企业信用评级高，则有利于中小企业私募债券的发行。因此，中小企业信用增级的过程其实就是中小企业私募债券增信制度建设的一部分。单个中小企业具有势单力薄的特点，也就难以获得投资者及其商业银行的信任。如果中小企业能与其物流链、供应链、行业协会及其与之有关联的企业进行合作联盟，实行信用捆绑，那么中小企业的信用就能够被保障或者制衡，中小企业自然也就能够信用增级，中小企业所发行的私募债券在信用上也随之增级。由山东泰山钢材大市场经销商和钢材商会一起创建的泰山钢材大市场"信用共同体"就是一个互利的信用组织。该组织建立后，组织成员的资本实力、还款能力、商誉等不但会被商会一一核实、登记，而且其财务指标、历史经营记录等也会被客观反映。当发行债券的组织成员不能按照约定按时还本付息时,其成员资格将被取消,其信用评级也将受到影响。"信用共同体"成员所发行的债券将以商户内部资产作为抵押,再加之商会的监督与协调,资产安全边际扩大,成员所发行债券的信用也就必然增级。出现于山东的这一"信用共同体"其实就是中小企业信用合作联盟的雏形,中小企业积极加入或者创建并推广类似信用合作联盟,其所发行债券也必将随之增级。

(二) 扩展外部增信制度

外部信用增级是中小企业私募债券信用增级所采用的另一方式,它是依靠发行私募债券的中小企业以外的第三方作为防范信用损失保证的一种信用增级方式。目前我国中小企业私募债券,大多依靠外部信用增级方式进行信用增级,然而与国外种类众多的外部信用增级方式相比,我国外部信用增级的种类较少而且不够完善,因此,当前有必要扩展中小企业私募债券外部增信制度。

1. 健全多层次第三方担保体系。依据证监会与证券交易所的相关规定,虽然没有强制要求中小企业私募债券必须实行相应的信用增级,但还是明文建议中小企业私募债券可以通过第三方担保等途径进行信用增级,以降低信用风险。在具体操作上,可以从以下几个方面对中小企业私募债券的第三方担保体系进行拓展:首先,积极推进省级再担保机构或其他大型担保公司、金融集团合作分保,增加实力型担保公司或金融集团的投资比例,既能在一定程度上分担风险,也能对私募债券发行的风险管理进行控制,平衡收益与风险。其次,专门担保机构应当结合中小企业财务状况与发债成本等多种因素调整担保费用的同时,降低或者科学设计合理的反担保措施,在降低风险的同时促进中小企业第三方担保增信发展。另外,作为专门的担保机构,在帮助其他企业降低风险增加融资机会的同时,也应当加强自身的专业性与风险控制能力,逐步扩大经营规模,应对各种发债中小企业的需求。此外,地方国企对符合相关产业发展的发债的中小企业给予倾斜性鼓励与支持,加大对中小企业私募债券发行担保力量的投入,以使得发债债券信用级别提高,吸引更多投资者的青睐。再次,第三方关联企业或者其他担保企业在为对方担保的同时,应当谨慎评估自身规模能否承受担保增信的风险性,增强专业知识的学习与风险控制的本领。最后,多层次的担保体系的形成与发展离不开政府的政策支持。各级政府应当针对担保行业的发展,推行一系列优惠政策,减少担保机构的成本,减轻担保机构的负担。另外,政府还可以组建中小企业担保部门,其资金来源可以是来自政府财政收入、专项基金等,对各地担保行业进行资金支持。

2. 建立权威性信用增级机构。就目前债券市场增信体系而言,我国商业银行已不再具备为融资性债务融资工具担保的功能,而市场上第三方担保公司虽然存在一定的数量与规模,但能在中小企业私募债券发行过程中担当大任的具有AA级以上的担保公司却为数不多,其他中小担保公司在自身信用级别不高的情况下只能在其抵御风险范围内承担部分间接融资任务。在中小企业私募债券增信方面,一般担保公司往往不具备市场需求的担保能力,由其参与增信风险较大,容易造成金融链条延续性崩溃。基于此,笔者认为,虽然中小企业私募债券的发展最终要依靠市场,但在当前我国中小企业私募债券刚刚兴起的情况下,政府的适当支持还是有必要的,由政府或者大型国有企业直接出资,建立具有一定规模性与权威性的信用增信公司,或者政府在目前较大型的担保公司的基础上直接进行注资建立专业性信用增级机构,是非常有必要的。通过建立与发展专业的债券信用增级机构,短期内可提高市场以及投资者对中小企业私募债券的接受度,促进其流动。除此之外,信用增级机构通过其专业性与权威性,能在市场机制的诱导下有效地分担市场信用风险。我国中小企业私募债券尚未建立健全的增信体系,就目前的发行与交易氛围而言,市场迫切需要对中小企业私募债券进行升级包装与发行,为信用增级机构的建立与发展提供良好的商业环境。

3. 设计科学的中小企业信用评级制度。对中小企自身而言,科学评价和分析其经营状况,是企业从社会公众和银行处获得符合其信用状况和企业经营管理水平的资金支持的前提条件。评级机构对中小企业进行客观、公正的信用评级,以第三方的视角对企业的实际情况进行揭示,降低信息不对称程度,有利于促进债券参与主体间的相互合作,防范商业风险。信用评级评估企业在信用活动中违约的概率和授信人因企业违约可能遭受损失大小的过程。对某一中小企业的信用等级进行判断,需要综合该企业的经营、财务现状和其他相关要素,并对这些因素的变化趋势进行考察。在涉及中小企业信用评级指标的问题上,应当着重考量以下因素:

(1)行业环境。结合表 1 数据,165 只中小企业私募债券中,主要涉及 17 个行业,分别为消费者服务Ⅱ、材料Ⅱ、食品饮料与烟草、资本货物、公用事业Ⅱ、软件服务、硬件设备、制药生物科技与生命科学、商业和专业服务、零售业、耐用消费品与服装、半导体生产、能源Ⅱ、多元金融、媒体Ⅱ、运输业以及房地产业。按照中小企业所在行业企业参与积极性与活跃性分析,资本货物行业参与发行为 37 家,发行总规模为 44.4 亿元,占中小企业私募债券总发行规模的 21.13%,其参与发债行业中企业数量与发行资金总额均居首位。应当结合发行企业的行业特色与实践情况,为重点行业、具体行业设计符合其行业标准的信用评级制度。所以,在信用评级过程中,应充分了解企业的经营范围,并判断其是否在各级政府限制之列,是否符合相关政策需求。市场敏感性是中小企业所具有的特点，较小的市场变化对中小企业也会产生较大的影响。

（2）企业基本素质和经营管理水平。企业基本素质包括对企业现行情况的综合评价。在企业基本素质方面，应综合考虑企业的资产质量、管理水平、职工素质、管理者素质以及企业规模等多种因素。通常而言，规模稍大的中小企业，其在抗风险方面一般比较强，信用也就随之提高。同样，企业管理者素质、职工素质较高，信用自然也就相应提高。因此，在信用评级过程中应把对管理层的评价作为重点。在具体评级过程中，要对企业管理层变动情况、管理的有效性、经营战略、应变能力等展开全面分析。此外，还需了解管理层对于未来经营战略的规划，公司的人员配置、生产技术以及制度建设等是否能适应企业快速发展的需要。

（3）财务评价。从根本上讲，企业的财务状况决定了企业的信用基础，企业信用必须以财务为保障，没有财务的支持，企业信用就无从谈起。中小企业会计水平不高是普遍的事实。财务风险的判断主要是依靠企业的会计报表，会计报表的真实可靠决定了判断的准确性。因此中小企业信用评估机构对中小企业会计报表要认真鉴别，在确定财务报告的真实性的基础上再对各项财务状况进行重点分析。

（4）技术创新。在对中小企业信用评级过程中，创新能力也应作为重点分析对象。创新能力的分析应重点从两个方面展开，即企业研发水平和研发素质。其中，在评级过程中可以依据研发投入的强度来衡量企业的创新能力。就研发投入强度而言，研发投入强度 = 研究开发费用总额/销售收入 × 100%，即企业投入研究与开发方面的资金占其企业销售收入的比例，该比重的大小决定着企业创新能力的强弱。除此之外，研发人员的比率也是衡量企业创新能力的重要参考，研究人员比率的计算公式为研发人员比率 = 研发人员/企业职工总人数。

（5）履约情况。在对中小企业进行信用评级过程中，还要分析该企业以往的履约状况。企业以往的履约状况是对企业履约意愿、履约能力的反映。获利能力强的企业在实际履约过程中未必做得很好，信用状况也有可能很差。信用记录公开性差是我国中小企业的一大弊病，这直接影响了中小企业的融资环境。因此，中小企业的履约状况应被作为信用评级时重要考察对象。在衡量企业履约状况时，要综合其商业信用状况和银行信用状况。后者是指存在于银行的、贷款企业还款的情况记录，它是对企业归还以前贷款的反映，也是对企业还款意愿和还款能力的反映。

（三）发挥政府的推动作用

在证券产品日益多元化的当下，单纯依靠市场是不能实现证券市场繁荣的。中小企业私募债券作为一种在我国新兴的债券种类，同一般债券相比，风险更高，目前完全将其交给市场为时过早。在中小企业私募债券走向成熟之前，政府应该采取相应措施助推其信用增级。笔者认为，在中小企业私募债券增信过程中，政府应该从以下三个方面予以支持。

1. 提升私募债券立法层级并完善相关内容。目前对我国中小企业私募债券进行规范的规范性文件是深圳证券交易所和上海证券交易所颁布的《试点办法》，由于该规范性文件的层级较低，在很大程度上影响了中小企业私募债券增信制度的建设，因此提升私募债券的立法层级具有现实紧迫性。但鉴于中小企业私募债券仅是众多证券的一种，若由立法机关对其进行专门立法无疑成本较高，也不利于现有相关法律体系稳定性的维护。基于此，笔者建议由政府相关部门针对私募债券的特点制定相关法规或者在既有法规的基础上颁布实施条例，是比较可行的做法。同时，《试点办法》所规定的内容，在一定程度上也加大了私募债券发行的风险，其主要表现为在发行主体实力方面，《试点办法》对发行主体的利润情况、经营情况没有做出硬性要求，且发行规模不受净资产40%的限制，这无疑加大了发行主体实力的风险。另外，对于中小企业发行的私募债券，实行的是证券交易所备案制，而不是监管部门行政许可审批制，投资风险也就由承销商和投资者自行辨别，这同样加大了私募债券发行风险。此外，《试点办法》对中小企业通过发行私募债券所募集到的资金的用途也没有做出限制，这无疑又加大了中小企业私募债券发行风险。基于此，笔者认为，应由国务院授权证监会针对中小企业私募债券制定专门规章，提升立法层级，并对上述提到的私募债券发行主体在实力、备案制以及募集资金用途等方面存在的风险作出回应，为中小企业私募债券增信制度的完善提供法律保障以促进中小企业私募债券市场的健康发展。

2. 加强对增信主体的监管。在发行中小企业私募债券过程中，要对中小企业私募债券信用级别升级，政府还需要对包括券商、评级机构以及担保机构等在内的增信机构进行有效监管。

首先，加强对证券公司的监管。证券公司是对债券发行起着核心作用的中介机构。对于中小企发债准入、风险以及相关程序等都由其负责筛选与审核。可以说，在资本市场中，券商是中小企业私募债券准入的守门人。因此，对券商在资本市场运作中的引导与监督是否得当与正确直接决定中小企业私募债券市场是否能健康发展。笔者认为，政府监管机构应当在引导与监督证券公司时应当考虑以下因素：一是证券公司本身的综合素质与能力。证券公司虽然不是发行人，但其在私募债券发行过程中，对于发行人的辅助作用对私募债成功发行起着核心作用。证券公司从发债初起阶段开始介入，负责考核发行人的财务状况、运营业务、公司治理情况、发债前景等因素进而再对其是否符合发债要求进行评估与决定。在此基础上，若符合要求则进行下一步，包括联系其他中介机构。在挑选其他中介机构之时，证券公司同样起着很大的决定作用。因此，对于证券公司的整理实力，公司经营理念，公司的业务能力以及公司的员工素质等的考核则是证券监管机构对其是否具备作为中小企业私募债券承销商资质的把关要素。同时，监管机构应当对经过备案的私募债发行企业的承销商进行定期跟进调查，考察期时做好尽职调查工作，是否及时能发现发债企业的经营问题，是否在为当事人争取最大利益之时顾及投资者的合法权益，其行为是否具有合法性等日常经营的常规行为进行定期考核评估。如证券公司能尽职责高效完成工作，形成一定的激励机制并进行公示，提高其行内信誉；反之，若证券公司因疏忽出现纰漏或者尚未能圆满完成工作，证券监管机构应当在一定原则下及时指导与纠正其错误，严重者同样可以提出严重警告并对其进行告示，更为严重者应当追究其相应的法律责任。只有在环环相扣的监管体制下，在透明的信息监管体制下，才能在总体上保持我国中小企业私募债券健康发展。

其次，加强对担保机构和资产评估机构的监管。担保机构作为构建我国中小企业私募债券增信体系的重要元素之一，是证券监管机构所必须关注的重要对象。根据2009年2月9日国务院颁发的《国务院办公厅关于进一步明确融资性担保业务监管职责的通知》（国办发［2009］7号）文件中明确规定了中国银行业监督管理委员会负责牵头建立担保业务监管部际联席会议制度，申明应当本着"谁审批设立、谁负责监管"的原则，由地方政府作为融资性担保公司的审批设立和监管部门。该文件明确确立了我国担保行业的监管部门，明确了部门职能职责与要求，在一定程度上也严格规范了担保公司的准入门槛及其行业行为，一定程度上促进了监管行业的发展。但我国监管机构仍应当在实际运作过程中规范担保公司的业务行为,加强审核担保公司的财务资产以及相关重要支出的业务项目,以保证地方民间金融的健康发展。发展中小企业私募债券,担保公司作为增信体系中的重要增信途径,监管机构必须明确规定担保公司为中小企业私募债券增信的硬性指标与软性条件,并对其风险抵御能力,行业信用评级进行严格的审核与考察,继而在其担保进程中对其进行事前、事中、事后的跟进监督,保证担保企业发挥其应有作用,保障债券顺利流通发行,保证投资者的合法权益。由于债券的抵押、质押资产评估所涉及的内容较为广泛与复杂,综合技能要求较高,具有较大的不确定性,资产评估机构在此过程中所采取的市场标准,所采用的技术标准都要求证券监管机构对其进行严格的审批和监管,并对该类评估机构准入与退出机制进行严格把关,才能较好地配合和促进债券市场增信体系的建设。在监督过程中,应当实施统一标准,统一管理,统一政策方案,保障全国评估机构公平竞争。有关部门在审查评估机构相关评估注册师资质考核之时应当科学严谨,不符合条件的应当坚决否决,不能因为其他因素影响监管机构的评判,以保持行业内的权威性与独立性。同时,监管机构应当对资产评估机构总体公司治理经营,业务报告等硬性指标进行总体把握与跟踪,做到阶段性检查与机构年检双管齐下,剔除与淘汰不符合法律规定的评估机构,纠正不符合行业标准政策标准的评估机构,严重者则追究其相应的法律责任,以改善其执业质量与提高执业水平,保证评估机构的总体质量,保证评估结果的客观性与可靠性。

最后,加强对信用评级机构的监管。任何一种增信方式的完善都依赖于信用评级机构成熟的评级技术和较高的市场公信力。笔者认为,对信用评级机构的正确引导与监管,是促进增信体系建立健全的重要因素。在私募债券市场发展过程中，监管机构应当在以下几方面注意加强对信用评级机构的扶持与监管：一是放松私募债券市场管制，促进其市场化运行，扩大信用评级业务的市场需求。二是逐步降低我国信用评级行业的垄断标准，减少投资者对某家信用评级机构的过度依赖性而在投资时惯性选择，降低金融风险。三是在统一硬性指标、关键性指标以及其制度性指标的基础上，应当增强信用评级机构的独立性与权威性，防范相关机构的利益冲突的长效机制，防范因利益纷争而引起的指标混乱，数据不科学，评级不准确。四是搭建信用评级行业之间的顺畅的信息沟通平台，确保行业内部评级基本信息的对称性与畅通性，包括行业内部必须坚持留痕原则、信息备案以及及时的信息披露原则。五是加强行业内部自律性监管，统一监管体系，形成双机构双评级报告以及合理有效的评级质量监测与检验制度，以提高信用评级行业的市场地位。

参考文献

[1] 弗兰克·J. 法博齐：《债券市场——分析与策略》，北京，中国人民大学出版社，2011。

[2] 高坚：《中国债券资本市场》，北京，经济科学出版社，2009。

[3] 时文朝：《中国债券市场》，北京，中国金融出版社，2011。

[4] 夏斌：《中国金融法律法规核心解读》，北京，中国金融出版社，2008。

[5] 周沅帆：《债券增信》，北京，北京大学出版社，2010。

[6] 李凌燕：《信用经济法律精论》，北京，北京大学出版

社，2007。

[7] 沈炳熙、曹媛媛：《中国债券市场：30年改革与发展》，北京，北京大学出版社，2010。

[8] 毛振华、阎衍：《信用评级前沿理论与实践》，北京，中国金融出版社，2007。

[9] 孙宽平：《转轨、规制与制度选择》，北京，社会科学文献出版社，2004。

[10] 盛学军等：《全球化背景下的金融监管法律问题研究》，北京，法律出版社，2008。

[11] 盛洪：《现代制度经济学（上）》，北京，北京大学出版社，2003。

[12] 盛洪：《现代制度经济学（下）》，北京，北京大学出版社，2003。

[13] 浦泓毅：《"中国版高收益债"落地首单中小企业私募债全解密》，载《上海证券报》，2012（6）。

[14] 李战杰：《韩国中小企业债券融资模式研究及对我国的启示》，载《中央财经大学学报》，2009（3）。

[15] 曹萍：《美国高收益债券风险特征与投资者保护机制探讨》，载《证券市场导报》，2013年2月刊。

[16] 李永和：《对当前中小企业融资担保创新的调查与研究》，载《西南金融》，2011（12）。

[17] 蒋启宝：《对组织增信原理的制度经济学分析》，载《中国金融》，2005（10）。

[18] 朱静平、段进：《构建与完善企业债券增信体系》，载《经济导刊》，2012（2）。

[19] 祁斌：《理性认识中小企业私募债风险》，载《中国金

融》，2012（18）。

［20］陈颖健：《高收益债券监管的法律问题研究——超越公募与私募界限的制度设计》，载《证券市场导报》，2012年10月刊。

［21］张自力：《欧洲高收益债券市场违约风险监管研究》，载《证券市场导报》，2012年4月刊。

［22］李训、李萍、刘涛：《美国高收益债券市场对中国中小企业私募债券的借鉴与启示》，载《财经理论与实践》，2013（2）。

［23］李永森：《中小企业私募债的风险防控》，载《中国金融》，2012（18）。

［24］韦颜秋：《中小企业私募债投资者权益保护机制初探》，载《银行家》，2012（11）。

［25］马腾：《中小企业集合债券增信措施比较研究》，载《洛阳理工学院学报》，2011（4）。

［26］郁俊莉：《中小企业信用资本形成机制及对融资支持的研究》，载《中南财经政法大学学报》，2009（5）。

［27］张自力：《全球高收益债券市场的发展：格局演变及监管借鉴》，载《上海金融》，2012（4）。

［28］李战杰：《运用分层结构化内部增信原理解决中小企业发债难题》，载《开放导报》，2009（2）。

［29］张帅、杨小玄：《中小企业私募债券信用增级措施的现状与创新》，载《当代经济》，2013（4）。

［30］薛世荣：《信用增级性质和定价研究——基于我国资产证券化现状的分析》，复旦大学硕士学位论文，2009。

［31］张宇晖：《资产证券化信息披露法律问题研究——基于中美的比较分析》，华东政法大学硕士学位论文，2011。

［32］王勇、何国华：《平台融资与中小企业信用增级》，载

《经济管理》,2007(20)。

[33] 王丽英、高静丽:《中国资产证券化信用增级的法律环境问题》,载《河北学刊》,2006(3)。

[34] 陈卫灵:《我国企业债券信用增级的现状与对策研究》,载《特区经济》,2010(1)。

[35] IOSCO. Development of Corporate Bond Markets in the Emerging Markets. http://www.iosco.org.

[36] William K. Sjostrom, Jr. The Birth of Rule 144A Equity Offerings. UCLA Law Review, Vol. 5, 2008.

[37] Altman, Edward I. Setting the Record Straight on Junk Bond: A Review of the Research on Default Rates and Returns. Journal of Applied Corporate Finance, Vol. 11, 1990.

[38] Association for Financial Markets in Europe, European High Yield & Leveraged loan Report (2009Q1 – 2012Q3).

二等奖

混合所有制在融资担保行业的探索与实践

广东中盈盛达融资担保投资股份有限公司

何广华　严　明

摘要： 受近年来经济下行、系统性风险加大和负面事件影响，融资担保行业也正身陷经营困境之中，过去两年已先后有部分机构歇业退市，仍然坚守的机构同样面临着较高的经营风险和代偿风险。作为解决中小企业融资困难的中坚力量，融资担保机构的发展问题日益受到社会的重视。党的十八届三中全会以来，国家大力提倡发展混合所有制经济。一些担保机构在充分总结现有模式和经验的基础上，已经开始对混合所有制融资担保模式进行探索。经过多年的实践，这种模式逐步彰显出了强大的生命力和竞争力，为行业规范、可持续发展提供了新的思路。

关键词： 混合所有制　融资担保　企业治理绩效

我国早期成立的担保机构大部分以政策性为主。伴随着实体经济的蓬勃发展，商业性担保机构和互助性担保机构如雨后春笋般出现。然而在实践过程中，尤其是近几年系统性的风险加大，商业性和互助性担保模式的局限性逐步凸显。个别商业担保的违规行为和联保互保的风险性事件一度在国内掀起轩然大波，对担保行业形象带来了负面影响。来自社会各方各种质疑此起彼伏，行业面临着严峻的发展危机。

针对融资担保业可持续发展的问题，我国的担保人从没停止过思考和探索。其中一些先行者很早就意识到现有模式的问题，一直试图扬长避短，把政策性、商业性和互助性担保模式的优势有机结合，探索出一种规范稳健、生命力强、竞争优势大的新模式。

一、混合所有制模式

（一）混合所有制的概念

混合所有制是我国的特有概念，宏观是指一种社会经济成分，微观是指一种企业资本组织形式。自党的十五大首次提出混合所有制的概念以来，十六届三中全会、十七大等重大会议都反复提及。到了十八届三中全会，《中共中央关于全面深化改革若干重大问题的决定》明确提到了"鼓励非公有制企业参与国有企业改革，鼓励发展非公有资本控股的混合所有制企业"。这是党首次在文件中将混合所有制经济提高到基本经济制度重要实现形式的高度来认识，同时相对明确地鼓励探索混合所有制企业。

（二）混合所有制的特点

根据十八届三中全会相关文件内容，混合所有制企业有3个主要特点：

1. 股权成分：公有资本（国有资本和集体资本）与非公有制资本（民营资本和其他社会资本）共同参股。

2. 企业治理模式：以市场经济为基础，以企业法人制度为主体，以制度为核心，以产权清晰、权责明确、管理科学为条件的现代企业制度管理。

3. 企业与员工关系：鼓励推行企业员工持股，形成资本所有者和劳动者利益共同体。

混合所有制并不等同于混合型担保,两者是有区别的。混合型担保的重心在于资源配置不同方式的结合,即在股权成分上简单混合。这类企业的性质实际上还是由出资最大的控股方决定。混合所有制更强调多种所有制经济之间的相互联合和有机结合,即除了股权上混合,还特别强调出资方的关系是参股而非控股,在企业治理上严格按照现代企业制度进行管理,从而更好地把各方资源有机结合,实现资本和劳动者各方的共同利益。上述3个特点也是混合所有制与其他模式的本质区别。

(三)混合所有制与其他担保模式的比较分析

当前我国主流的担保机构类型主要分为政策性和商业性。政策性担保机构是由地方或中央财政预算拨款,由政府作为资源配置的主体,为实现产业政策或其他特定目标而设立的。商业性担保机构由企业法人、自然人出资并作为资源配置的主体,主要对商业性业务进行担保。政策性担保机构是国家解决中小企业融资困难和促进社会经济发展的政策工具,其优势是实力和规模大,担保公信力强,容易获得银行信任,在开拓银行渠道上相对更有优势。然而其政策性和不以盈利为目标的特点,又使其容易受行政干预和约束,难以有效整合更多市场资源,创新和活力相对有限。相比之下,商业性担保机构机制一般更为灵活,市场化程度较高,环境变化适应能力和市场创新能力相对较强。然而一般由于资金来源单一,实力和规模有限,其抗风险能力也相对较弱,对政策环境变化较为敏感。一旦宏观经济下行、银行信贷政策收紧,系统性风险加大等环境出现较大变化,这类机构则可能会面临较大的经营压力。

缓解中小微企业融资难、融资贵问题是一项长期的系统工程,不是某一个群体能独立承担的,需要社会各方共同参与共同解决。

混合所有制是在总结政策性担保和商业性担保的经验上，糅合了各自精髓，发挥公有资本的引导作用，调动民营资本和其他社会资本的积极性，按照现代企业法人治理机构进行市场化运作。从理论上来看，这种模式不仅能较好地完成政策扶持目标，而且能避免行政干预和大股东操纵，用政府和社会共同监督的机制防范各类风险，更重要的是有利于整合国有股东和非国有股东的资源所长，实现各方共赢。对政府来说，这是发挥财政资金杠杆作用和实现国有资本保值增值的有效方式，对社会资本来说，这是履行社会责任，获得稳定回报的有效投资。

二、混合所有制对企业治理绩效的作用及其在融资担保业的实践

企业经营绩效是企业生产力的核心要素。根据"生产力与生产关系"的原理，分析混合所有制企业的治理绩效时应从生产关系入手。本文运用内外部—决定性要素分析模型（见表1）[①]，重点关注股权构成、股权集中程度、高管职位分配、股东间和政府约定条款、职工雇佣关系、市场环境和金融环境等要素对企业绩效带来的影响。

表1　　　　　　　混合所有制对治理环境的影响要素

决定性要素 (Determinant)	股权集中度 股权构成 高管职位分配 股东间和政府约定条款	市场环境
非决定性要素 (Non-Determinant)	职工雇佣关系	金融环境
	内部 (Interior)	外部 (Outside)

---

① DINO模型（内外部—决定性要素分析模型），参见秦斗豆. 混合所有制是提高企业治理绩效的有效途径 [J]. 中国市场，2014（3）：84.

(一) 股权高度分散利于企业长远发展

如果股权集中度过度集中,就容易出现大股东控制企业的局面,利用企业谋取私利。对融资担保机构而言,"一股独大"会严重损害机构的公信力,降低市场化运作效率,存在着非理性决策和道德风险隐患。混合所有制的最大特点就是通过分散股权的方式,从根本上避免"一股独大"局面,降低大股东操控和政府行政干预的可能性,从源头上遏制道德风险,确保公司的相对独立性,从而为企业保持稳定的治理绩效创造有利条件。广东佛山一家混合制融资担保公司,是行业最早探索混合所有制的典型代表。该企业各项经营指标10多年来始终保持着10%~20%的增幅,其治理绩效与高度分散的股权机制密不可分。截至2013年底,股东总数超过40家,最大股东股份只占5.22%且有3家并列,有效约束了股东权力。

(二) 多元的股权构成利于企业产生协同效应

在我国,单一股权的企业一般存在着治理绩效低下的问题,如民营企业表现为决策非理性和资源局限性,国企则表现为市场化不高、行政干预影响严重。然而,在多元的股权结构下,混合所有制担保机构则能更好地发挥资源优势,产生"1+1>2"的协同效应:

1. 经营协同。企业能充分利用股东多元化的优势,发挥股东在各自领域的特长,整合各类资源,提高经营效益。由于股东中有民营资本,这就有助于经营团队更加了解中小微企业,更能针对客户不同阶段、不同时点的资金需求,在融资担保主业上,整合非融资担保、小额贷款等为一体的金融产业服务链,不断研发出适合市场的创新产品。另外,国资的背景使这类担保机构相对容易获得大型金融集团的青睐,从而能充分利用多金融工具,与银行、信托、再担保等机构相互协作,共享业务,创造更多的盈利点。

2. 管理协同。担保机构管理的核心在于风险管控，而其中最基本和最前沿的管理是尽职调查和信息收集。相比政策性和商业性担保机构，除了在政府征信系统中获得企业信用信息外，混合所有制担保机构还能利用股东的多元性，建立覆盖面更大的民间信息网，把触角深入到各行业协会、企业所在的镇街，更加详细地了解到包括企业实际控制人在内的，企业民间信用记录等方面的信息，更加及时地从各股东渠道了解到企业融资后的资金使用和经营情况，从而提高保后监管效率，预防并控制风险。一旦出现代偿，也能很好地整合股东资源，有效地完成追偿和资产处置。

3. 资金协同。由于资金来源渠道多元化，因此单个股东所承受的资金压力相对较少，但其所能撬动的效益却是比单个机构创造的要大得多。2003 年，佛山市政府为扶持当地中小企业，出资 1 000 万元并联合民营企业家共 5 500 万元注册资本发起成立一家混合制融资担保公司。经过十多年的发展，不但实现了国有资本的保值增值，还撬动了超过 80 倍的经济效益和社会效益。

（三）股东参股不经营利于企业的规范化和专业化

与其他模式不同，混合所有制模式并不是单纯根据各股东的持股比例和《公司法》条款来决定治理机制，同时还存在股东间及股东和政府间的约定条款，这些条款可能包括初始股权结构和后续股权结构、控制权分配、企业对政府的承诺和政府对企业的支持等内容。这些约定正是保证担保机构规范化和专业化运作的前提条件。政府向股东承诺出资引导但不进行行政干涉；其他民营股东和战略投资者间约定出资参股，但不直接参与管理，而是聘请专业的职业经理人团队经营；经营团队承诺依法独立实行专业的市场化运营，为股东的投资实现保值增值。这样，担保机构就能按照现代企业管理制度建立起完善的"三会一层"公司治理架构，同时将"所有权、经营权、监督权"三权分离，形成共同治理机制，在实际运营中始终保持规范化和专业化。

（四）内部重要群体关系的有效处理利于保证公司利益最大化

内部重要群体指的是董事、高层管理人员、监事等企业重要领导。由于股权关系有了清晰界定，因此混合所有制担保机构高层管理岗位一般采取公开招聘的方式，聘用职业经理人担任，从而避免行政任命和股东指派，减少群体利益冲突。这样，企业内部重要群体之间就能进行科学合理分工，更加专业、专注地各司其职。只要统一了核心团队思想，确保一切工作都是围绕公司利益最大化继续拧，企业就能获得持久稳定的治理绩效。

（五）企业与职工的合作关系利于共同事业的追求

在混合所有制企业中，企业与员工的关系并不是简单的雇佣关系，而是资本所有者和劳动者的利益共同关系，即通过实施员工持股的方式，把核心员工的利益和公司整体利益进行有效捆绑，打造共同事业平台。一旦形成这种和谐合作关系，员工的主人翁意识就会大大提高，企业品牌、风险管理、收入支出等都变得与之息息相关。这种激励方式为解决政策性担保的动力不足和商业性担保的盲目逐利等问题提供了很好的借鉴思路。

（六）灵活创新的适应力利于迎合市场和金融环境变化

党的十八届三中全会提出要发挥市场在资源配置中的决定性作用。然而在实践过程中，政策性担保机构往往容易受行政干预影响，不能及时根据市场的变化做出及时的应对和创新，从而错失市场机会。商业性和互助性担保机构虽然较为灵活，但容易在市场利益驱动下诱发风险，近年来个别机构违规操作，骗保骗贷，挪用贷款进行高风险投资正是这方面的例证。与此同时，商业性担保机构对金融政策的变化更加敏感和脆弱。据广东省金融办公布的数据，

2013年起退市的融资担保机构数量接近50家，其中原因正是在经济下行，系统性风险加大的形势下，这类商业担保机构无法适应上游银行"断粮"、下游企业坏账大幅提高等金融和市场环境变化导致的。

相比之下，混合所有制对市场和金融环境的适应力更强一些。一方面，国资背景和科学规范的治理架构为企业带来较高的社会公信力，比商业性担保更易获得合作伙伴信任。另一方面，这类机构又表现出比政策性担保相对敏锐的市场嗅觉，在环境变化前就能开始谋划应对措施，利用股东资源建立起立体式的业务体系，保证多元的盈利增长点，提高了机构抗风险能力。

三、混合所有制担保机构需要注意的几点问题

综上分析，科学合理的生产关系能有效保证混合所有制担保机构维持相对高效的企业治理绩效。然而，这种模式并不是"一劳永逸"，一些细节仍需要引起注意：

（一）如何处理国资和民资关系，把握股权集中和构成的度

混合所有制的股权集中度应根据企业发展的阶段而有所区别。在企业成立之初，过度分散的股权集中度和过度多元的股权构成并不利于企业的决策和执行，往往因效率低下而错过市场机会。相反，到了成熟稳定时期，这种多元分散的股权结构则有利于企业决策的民主化和科学化，从而保证股东和企业利益的最优化。中山市政府在这方面的做法值得借鉴。其混合模式是在成立初期保持适度集中，以政府出资控股为主，保证企业在该地区的社会公信力和资源的相对集中性，以便在最短时间内占领市场，站稳脚跟。随着企业的稳定发展，政府股权将以优先股的方式被回购或以增资扩股的方式稀释，最终实现股权的多元分散。需要强调的是，政企分离、

权责分明是混合所有制的关键,即便是政府出资控股,但企业的日常经营依然是由专业团队按照市场化方式运作。

(二)如何处理好投资者入股的关系

近年来,国内一些担保机构完成或正在筹划上市,这对混合所有制担保机构提出了新的命题,即如何处理好境外投资者的股权关系,保证所有制的根本属性。因此,在与战略投资者合作时,应在公司章程和股东间约定条款上列明约束规定,保证股权的混合性和多元分散,防止境外投资者利用证券市场反收购和控股独大,改变股权结构和集中度。

(三)如何选择投资者

战略投资者的加入并不意味着如虎添翼,尤其是混合所有制企业在投资伙伴的选择上应该更谨慎。混合所有制并不是随意的"混合",如果后来投资者的加入与原有股东在战略目标和价值观并一致,结果则适得其反。因此,在选择战略投资者时,首先,要确保对方认可行业的价值观,了解运作规律,避免盲目逐利性。其次,要确保投资方是否认可企业的管理模式,经营理念,能够恪守股东约定。最后,优先选择能够在资源上形成互补,产生多方协同效应的投资者。

四、结语

融资担保机构的核心竞争力是风险管理能力。"混合所有制"体现了科学合理的生产关系,能从源头和制度设计上起到风险管理作用,从而更好地实现稳定持久的企业治理绩效。作为我国特有的概念和新的发展模式,混合所有制不仅是一种经济成分和企业运营模式,更彰显了"中庸"的民族智慧。这种智慧所蕴含的和而不同,和实生物,不偏不倚,居中促盈的文化精髓逐步成为企业文化的一部分,并帮助企业在实践中彰显出强大的生命力和竞争力。随着金融体制改革的全面深化,一些省市地区开始酝酿成立混合所有制担保机构扶持中小微企业,推动民营经济的转型升级。在经历特殊低潮期后,行业即将迎来新一轮的发展,相信混合所有制模式将会被广泛推广,成为提升担保机构公信力和竞争力,推动行业稳定规范和可持续发展的重要组成部分。

参考文献

[1] 邹乙:《中小企业融资担保:模式与对策》,广州,广州大学,2008。

[2] 刘丹:《我国中小企业融资担保模式效率比较研究》,长沙,长沙理工大学,2013。

[3] 伯娜:《关于混合所有制经济性质问题的观点述评》,载《学术界》,2010(5):208-288。

[4] 秦斗豆:《混合所有制是提高企业治理绩效的有效途径》,载《中国市场》,2014(3):82-88。

[5] 董裕平:《小企业融资担保服务的商业发展模式研究——基于粤浙两省数据的情景模拟试验分析》,载《金融研究》,2009(5):157-168。

[6] 陈俊龙:《交易成本、科斯定理与混合所有制经济发展》,载《学术交流》,2014(4):93-97。

谈农业专业化担保对土地信托的增信作用

北京市农业融资担保有限公司　周　莎

摘要： 在农业现代化及城镇化进程中，农村土地流转一直是困扰农村金融的难题。城乡土地二元化机制及确权不完善是影响农村经济发展的主要原因。目前还在探索中的土地信托模式兴起，一定程度上为问题的解决提供了新的思路。然而信托公司由于缺失农业专业化部门等原因，对土地流转环节的把握存在隐患。政策性农业专业化担保能够利用自身的专业优势以及实践经验弥补信托的缺陷，对涉农主体进行增信以及风险控制。政策性农业专业化担保的设立以及在土地信托当中的增信作用都值得借鉴。

关键词： 农业专业化担保　土地流转　金融创新　政策性担保

一、土地信托创立的背景——依托于土地流转的农村经济发展存在双重矛盾

目前，在农业现代化和城镇化进程逐步加快的现阶段，我国广大的农村领域依然存在着两个突出的矛盾，其一是大量青壮年劳动力涌入城市，多数人从事的是技术含量相对较低的重复性劳动，产生的收入不高，而属于自己的农村的土地由于没有人耕种而出现大量抛荒的现象，也无法产生相应的收入，农民们向更高层次生活的

追求得不到支持，这成为了一种城镇化进程当中隐藏的不稳定因素。

其二是面对农村大量抛荒的土地或者说可以集中起来耕种的土地，某些拟进入到这个广阔市场的实业家或者说金融资本却在操作过程中望而却步。究其原因是由于在新中国成立之初确立的城乡二元化土地制度为农村经济如今的发展形成了一个无形的门槛，宅基地以及土地的所有权与使用权分离，而宅基地和土地的占有、使用、收益的权利相对自由，唯独使用权的处分得不到相关法律法规的确认，并且农村土地的集约化往往遇到管理机关不明、确权不完全、程序烦琐等问题。在现实当中，土地的流转往往存在手续不全的情况，未经表决同意的转包等现象普遍存在。而当承包人拟遵循法律法规的规定去走土地流转程序的时候又发现很多地方没有相关机构负责确权、登记、备案等工作，合法的道路又无法走下去。

我们可以说，农业问题的核心是土地问题。面对农村这种严重的浪费现象，管理缺失的现象，在缺乏社会化、多元化的农村土地运营机制的前提下，提升农地流转的效率，加强农地资源的可持续利用成为当前农业现代化和城镇化中亟须解决的重大问题。

二、土地信托模式兴起及案例

基于上述矛盾与难题，2014年中央一号文件《关于全面深化农村改革加快推进农业现代化的若干意见》相关表述表现出了对土地流转、创新经营支持农业发展的积极思路。

国务院总理李克强在政府工作报告中同样指出："2014年要积极推进农村改革。坚持和完善农村基本经营制度，赋予农民更多财产权利。保持农村土地承包关系长久不变，抓紧土地承包经营权及农村集体建设用地使用权确权登记颁证工作，引导承包地经营权有序流转，慎重稳妥进行农村土地制度改革试点。"①

该类背景给土地信托模式的开启创造了较大的实践空间。目前中信信托、北京信托已经在多地开展了数笔土地信托业务，并且有些已经形成了较为稳定的模式。中粮信托以及华宝信托公司也纷纷在土地流转领域积极地进行布局。

在土地经营权流转过程中引入信托制度，能够发挥信托运作规范的优势，确保破产隔离和财产完整功能的实现。② 土地经营权信托进而可以以信托收益权为工具规范农民对土地的确权，实现农地使用权标准化、证券化。③ 而信托财产本身是所有权与经营权分离的，也比较符合我国农村土地所有权、承包权和经营权三权分离的内在要求。

北京信托在密云穆家峪镇水漳村推出了北京市首只土地流转信托产品——"北京信托·金色田野2014008号土地信托"。此案例中，北京信托采用了"土地合作社+专业合作社"的双合作社设计，形成"财产权信托"和"资金信托"平行推进的双信托结构配置，④ 并且引入了北京市农业融资担保有限公司（以下简称北京农担）的农业专业化担保公司进行担保。

项目背景是北京市密云县水漳村，全村有一千六百余亩的土地可以进行集中流转。目前，水漳村的土地是统一流转给了北京圣水樱桃种植专业合作社。合作社在这片土地上搞起了特色水果的经

---

① 《2014年政府工作报告》。
② 《农村土地承包经营权信托中的权益保障及激励机制》，许娟，厦门大学法学院，http://wenku.baidu.com/link?url＝cXgF5dwuC9dHJy5tKwOcggkMV5JA7oL－g4Zqk12UBy8Br＿Ltlx3kgrwbq8H9VSnKAJfaLFRnjIezTTuHdm9NIWpk8XGsRg99QSn0JAVfFFy。
③ 《详解土地信托：三类模式与两大案例》，刘卓哲，http://wenku.baidu.com/link?url＝PvWmy4cUnOU5lax9kqLGV1d9FlnHeUSoZC6＿scl3RvSsrU＿GLB4xJxJhfLQbu4rAofCE6REqmnpWoQSPbUzXg2l＿－JISpKZWdLBvhmrt43＿。
④ 《土地流转信托研究：创新先行样本　降低风险是关键》，作者刘向东，来源：《理财周报》，http://finance.ifeng.com/a/20140901/13035492＿0.shtml。

营。由于前几年土地的基础设施建设、大棚前期投入很大，并且各种水果并没有进入盛果期，产出效应远未体现，合作社的运营资金捉襟见肘。

得知合作社的难处后，北京农研中心、北京信托、北京农担积极牵头合作，展开了土地经营权信托流转的创新模式，将土地资源进行盘活，帮助合作社对接市场资源，协助其规范财务状况等。在规范土地经营权流转的基础上，北京信托还设立了与土地信托相配套的资金信托，解决当地农民专业合作社的融资难题。

在相关部门批准，法定手续履行完毕后，村中一千六百余亩农用地通过村股份经济合作社集中起来。这一千六百余亩土地上设立土地经营权信托，由北京信托作为受托人对土地进行被动事务管理。之后，再由北京信托将土地以租赁方式流转给专门从事樱桃、蓝莓、草莓等经济作物种植的圣水樱桃种植专业合作社经营。圣水樱桃专业合作社每年支付土地租金，并且在北京农担专业化担保介入的情况下，北京信托给予了圣水樱桃种植专业合作社长达 8 年期的 1 000 万元的资金信托支持。①

对于北京这类的一线城市，土地资源相对稀缺，在首都现代化农业发展思路的指导下，对土地如何进行高效地利用，对农民如何提高其生活水平都是亟待解决的难题。而北京信托在北京郊区进行试点推出的该产品的确在一定程度上为这些难题创新了一种新的解决方法。在这个案例当中，信托公司发挥的作用有四个，第一，信托公司作为专业化的理财机构，真正发挥了财产隔离的作用，② 为

---

① 《北京市密云县土地信托助推流转新模式》，记者唐娅萍，通讯员周莎，《金融时报》，http://trust.hexun.com/2014-10-16/169381940.html。

② 《解码信托》，长安观点，http://wenku.baidu.com/link?url=vFhyTGCy60f8POVGeuj0T6bQZfl_aenAMeoH0KE4bORWDWbGajij9KAy_eIoIhd4pwoJ83fq219WXpxuxZMqQBlEHlBg5iLtvtLT9jI2VEK。

闲置土地的农民保证并且能够增加一部分收益,这是土地信托模式最基本的初衷。

第二,信托公司发挥自身的优势为集约发挥土地作用的下游专业种植合作社提供了一般金融机构所无法支持的长期大额的信托贷款,这是土地信托模式所衍生出来的配套作用。

第三,信托公司整合自身资源,为其搭建了华联超市等较为畅通的销售渠道,延伸其产业链。这是原来局限于土地的合作社所无法积累到的资源,现在有强大的金融机构为其铺设优质的渠道。

第四,也是在目前的土地信托模式当中最具独创性的是,信托公司在认识到自身农业专业化经验较为匮乏并且风险规避出口难寻的前提下利用本身的金融机构资源,联合了政策性的农业专业化担保公司共同为信托模式服务,使信托产品能够通过内部以及监管机构的审核而顺利落地。

应当说,目前在各地开展的土地信托产品呈现的是百花齐放的状态,模式并没有统一,分析来看,首要的原因是土地制度仍然是复杂难以突破的;其次,笔者认为,信托的结构化设计是十分多元化的,在前端的财产权信托里面,根据对模式的信任,选择采取主动事务管理的模式还是被动事务管理的模式,在后端的资金信托中经营主体是否需要资金支持,引进何种专业化经营的实体对土地进行经营管理,给予其多长期限何种模式的资金支持都是可以根据具体情况进行设计的。

三、农业专业化担保增信土地信托的必要性

有法律人士表示,土地流转信托在国内的推进仍存在诸多问题。从法律层面来讲,中国的土地承包经营权的确权工作仍未完成,且农村土地不能进行抵押,这成为土地流转信托难以大规模推

广的一大掣肘。①

基于此,我们可以说,信托公司在农业专业化的把握方面是有一定缺失的,农业专业化的担保在土地信托模式当中的增信是非常有必要的。我们知道信托公司是专门代人理财的专业金融机构,涉足的行业方方面面,但是恰恰农业是金融领域比较慎重进入的领域,原因首先是农业靠天吃饭,风险较大,稳定的预期不足;其次是我国农业的特征是分户经营、单打独斗,粗放型经营较多,小规模发展特点明显,集约化趋势极其不足,在我国中小微企业还尚在融资困境当中挣扎的阶段,小到农业种植专业合作社、个体户、农户等融资主体如何能登堂入室获得专业的高端金融机构的垂青。

种种原因导致信托机构进入农业领域的时间较晚,积累的经验较少,并且对于涉农的小微企业、专业合作社、农户的了解不足。在这种前提下,大刀阔斧地进入土地流转领域,进入到农业经营领域,动辄参与到几千上万亩的土地流转、承包经营的模式当中去,我们认为其中尚未爆发的隐患是切实存在的。

根据笔者的了解,少有信托公司会成立专业的农业部门从事农业行业的研究、农业信托产品的研发、农业项目的推进。一些刚刚开展土地信托的信托公司会把土地流转的业务、涉农的业务依然放在不动产信托管理部门进行操作。

因此,能够有农业专业化的担保公司介入到土地信托模式当中,帮助信托公司进入到农业领域,识别农业行业的风险点,甄别承包经营的主体的专业性、持续性以及盈利性,同时在前端直接承担担保责任,帮助信托公司分散风险是十分有必要的。

---

① 《证券日报》——资本证券网(北京):《中信信托半年圈地21万亩 土地流转信托模式难明》,http://money.163.com/14/0314/02/9N917SE900253B0H.html。

四、农业专业化担保如何发挥优势增信土地信托

农业专业化担保机构是否能够为增信土地信托，提升土地流转质量，还要依赖于该农业专业化担保机构是否专业。2009年3月，全国首家农业专业化担保公司北京市农业融资担保有限公司在北京成立。① 在此之前，全国的担保公司林林总总，但是没有成立过农业专业化的担保公司。资本的逐利性决定，风险大而收益难以预期的农业领域没有担保公司肯轻易介入。首都发展农业现代化、支农惠农、工业反哺农业等先进思路酝酿了北京农担的诞生。北京农担由市区两级财政共同认购出资成立，肩负首都农业现代化发展的神圣使命，致力于首都郊区县、周边地区"三农"产业的扶持和发展。北京农担在农业领域深耕了五年之久，在2014年初介入到土地信托模式当中的时候发挥出了巨大的作用和增信优势。

第一，发挥团队优势，对行业有更准确的认识。农业专业化担保的团队除了汇聚传统金融、法律、财务、管理等人才之外，还十分注重农业人才的招募和培养，团队当中有学习种植、养殖的专业人才，也有从事过种植、养殖工作的人士，在学习和实践当中有经验的人士对于行业基本面的认识能够更加准确，也能够对风险点有更清晰准确的认识。

第二，发挥实践经验优势，能够更顺畅地推进土地信托模式。农业专业化担保的团队主要的精力都能够放在纯农、涉农的项目当中，六成以上的时间在京郊的田间地头接触有融资需求的项目主体、实地评估项目的可操作性，与农业专业合作社、农户打交道的时间比较长，熟悉京郊农业的特点，理解农民的思路和要求，擅长与农民进行沟通。这个优势能够使土地信托的推进更加顺畅。

---

① 北京市农业融资担保有限公司，公司简介，http://www.bjnydb.com.cn/About.aspx。

第三，发挥创新研发的优势，能够灵活地寻求解决难题的方法。应当说农业专业化担保成立以来操作的众多业务都是有利于"三农"金融快速发展，却因法律空白、管理机构缺失或者收益微小等原因无人涉足的创新业务。这些创新研发的工作包括对农业子行业的研究和总结，包括对农村土地制度的探讨和建议，包括对农业生产工具登记处分制度的研发，包括对土地承包经营权如何变现的思考，包括如何对新农村建设当中农民换新居的贷款担保支持，包括如何创新地评估民俗旅游农户的收入等。应当说，在几年的农业领域的一线工作使农业专业化的团队有着创新研发的思路，能够灵活地处理土地信托模式中出现的问题，并且能够积极寻求解决问题的方法。

第四，发挥政策优势，不以利益为最终导向，能够突破现有金融产品的瓶颈。农业专业化担保是政策倾斜扶持"三农"的产物，其不同于其他金融机构，其不完全是为了逐利而存在。基于其对于农业的投入产出周期较长有较为深刻的认识，农业专业化担保并不要求自己担保的产品投入后即刻产出，并不刻板地要求农业经营主体在短期内就要归还贷款。农业专业化担保能够更加理智地看待利益的回流，能够承受较高的时间成本，会根据实际情况接受八年甚至十二年期限的长期担保，这个优势更加契合土地信托模式当中各方的诉求，更加有助于推进土地的流转。

更加值得一提的是，农业专业化担保由于有农业财政的相应补贴和风险兜底，能够对于真正有利于"三农"发展的金融产品进行一定的突破，对于资质、经验比较薄弱的土地流转方来说，一定的突破能够带来实质的融资困难的解决，无异于为成长期的涉农实体雪中送炭。

五、农业专业化担保如何在土地信托中规避风险

农业专业化担保的另一个专业之处在于其本质上是市场化运营。如果不顾任何风险,对于土地信托的任何主体都不予评论而均给予较大尺度的支持,那么这无异于政府直接补贴涉农实体。农业专业化担保的宗旨最终是在政策支持下起到撬动社会资金的杠杆作用。因此,对于土地信托模式中的涉农风险的识别和控制才是农业专业化担保的立足之本。以下笔者简要分析农业专业化担保在土地信托模式当中有何独特的控制风险的手段。

第一,高度的专业化体现在其前期能够更加准确地识别风险。前文已经提到过,农业专业化的团队、实践、研发多重优势能够保障其在前期接触项目时便能对项目进行客观认识,识别出隐藏的风险点。

第二,农业专业化担保对土地相关法律法规、流程手续较为熟悉,能够在合法合规性上面对土地信托模式进行把关,保证土地流转的合法性,并且重视耕地的保护、农用地的保护,能够防止大规模的农用地挪作他用的现象发生,规避该类的风险。

第三,农业专业化担保在各个郊区县有分公司合作机构,这些合作机构就是专业农业担保在涉农郊区县的支撑点,能够相对于总公司更加频繁地对用款主体进行管理和监督,其可以对旗下的合作社等涉农主体进行常态的管理和规范。

第四,项目真正出现风险时,处置融资方资产用来归还贷款时,农业专业化担保的资源相对丰富。当项目真正发生风险时,如果不是农业专业化的金融机构,要迅速地找到对该类资产感兴趣的接盘方并非易事,而对于农业专业化担保机构来说由于其在郊区县操作的项目较多,种植、养殖、深加工等农业产业链条上的企业也

相对齐全，信息对称程度较高，因此拟快速、顺利地找到对该类资产感兴趣拟扩大规模的接盘方应当说相对容易。

六、在农业专业担保增信土地信托过程中亟须完善的环节

农业专业化担保固然在政策的指导下，不完全以利益为导向，以市场化运营的思路在"三农"实践的第一线深耕了五年之久，取得了一定的成就。其能够在目前逐渐兴起的土地信托模式当中起到一定的专业化作用，甚至可以在未来的更广泛的土地流转模式当中起到至关重要的作用。但是区域性的农业专业化担保推进毕竟进程是较为缓慢的，有局限性的，并且北京农担起到的作用和取得的成就并不代表农业专业化担保对于土地信托的增信就是无所不能的，依然有许多亟待完善的环节。

第一，北京成立政策性农业专业化担保的思路值得学习和借鉴。在农业现代化和城镇化快速推进的今天，农业领域的金融空白还表现得相当明显，但同时广阔的农村又大有可为。这些都亟须政策的倾斜和人才的引进。因此，笔者认为，在全国的其他区域、在农业大省、在金融相对发达的省市可以率先尝试成立政策性的农业专业化担保公司，共同助推土地流转的进程。

第二，对于土地信托模式给予一定认可的前提下，拟推进该模式的地方政府可以将一部分财政专项资金托管在专业的农业担保公司，专门操作土地信托项目。如此可以较大程度地撬动社会资金对土地信托模式中的涉农主体进行实质性的扶持。

第三，无论是农业专业化的担保还是创设土地信托新型的土地流转模式，最早的起源依然是北京这样的金融发展较为发达的城市。金融发展尚不成熟的省份，金融人才集聚趋势也不明显的省份，其实却是劳动力大量输出，土地抛荒现象更加严重的地区，这

些地区更急需创新的土地流转模式发挥土地的作用。那么在这种情况下，农业专业化担保如何在地方发挥作用呢？笔者认为中央层面可以尝试建立全国性农业专业化担保公司或者在全国性的融资担保公司中成立农业专业部门，突破地域限制，为地方农业金融提供服务，参与到地方的土地流转业务中去。

第四，由于不能超越法律法规的底线，必须要保证项目的合法合规性，因此面对各地土地确权工作的不完善以及管理机构职能的缺失，再专业的信托机构和再专业的农业担保也无能为力。因此国家层面应当抓紧落实土地承包经营权及农村集体建设用地使用权确权登记颁证工作，引导承包地经营权有序流转。

参考文献

［1］《证券日报》——资本证券网（北京）：《中信信托半年圈地 21 万亩　土地流转信托模式难明》，http：//money.163.com/14/0314/02/9N917SE900253B0H.html。

［2］曹阳：《农业担保助推北京新农村社区建设》，载《金融时报》，http：//www.financialnews.com.cn/dfjr/xw_115/201406/t20140617_57652.html。

［3］李高阳：《土地流转信托"燎原"中信、北京信托模式升级》，载《第一财经日报》，http：//business.sohu.com/20140318/n396772336.shtml。

［4］冀欣：《中信土地流转信托两大模式成型　规模化复制即将启动》，载 21 世纪网——《21 世纪经济报道》，http：//stock.sohu.com/20131218/n391966386.shtml。

［5］范辉：《土地流转信托首单花落中信信托》，载《北京青年报》，http：//jingji.cntv.cn/2013/10/20/ARTI1382227040148171.

shtml。

[6] 张威，邓莉苹：《首单中信土地流转信托详解：大信托套小信托　农民可获租金＋增值收益》，http：//www.nbd.com.cn/articles/2013－10－16/779973.html。

[7] 李高阳：《中国土地信托流转实证研究报告：土地信托可助推农业现代化和新型城镇化》，载《第一财经日报》，http：//www.yicai.com/news/2013/08/2907693.html。

[8] 刘向东：《土地流转信托研究：创新先行样本　降低风险是关键》，载《理财周报》，http：//finance.ifeng.com/a/20140901/13035492＿0.shtml。

[9]《金融服务"三农"推新政　贷款抵押物呈多元化》，中国投资担保有限公司网站（原文来源：每日经济新闻），http：//www.bjnydb.com.cn/Industry＿News＿Mes.aspx？type＝2&Id＝141。

[10]《关于全面深化农村改革加快推进农业现代化的若干意见》（"2014年中央一号文件"），2014年1月19日。

[11] "中央农村工作会议"，2013年12月24日。

[12]《关于加快发展现代农业进一步增强农村发展活力的若干意见》（"2013年中央一号文件"），2013年1月31日。

[13]《关于加快推进农业科技创新　持续增强农产品供给保障能力的若干意见》（"2012年中央一号文件"），2012年2月1日。

[14]《关于金融服务"三农"发展的若干意见》，2014年4月22日。

[15] 沈佳迪：《案例汇编　农民专业合作社信托　北京国际信托有限公司》，北京国际信托有限公司提供。

[16] 许娟：《农村土地承包经营权信托中的权益保障及激励机制》，http：//wenku.baidu.com/link？url＝cXgF5dwuC9dHJy5t

KwOcggkMV5JA7oL‐g4Zqk12UBy8Br_Ltlx3kgrw bq8H9VSnKAJfaLFRnjIezTTuHdm9NIWpk8XGsRg99QSn0JAVfFFy。

［17］刘卓哲：《详解土地信托：三类模式与两大案例》，http：//wenku. baidu. com/link？url＝PvWmy4cUnOU5lax9kqLGV1d9FlnHeUSoZC6_scl3RvSsrU_GLB4xJxJhfLQbu4rAofCE6REqmnpWoQSPbUzXg2l_‐JISpKZWdLBvhmrt43_。

［18］唐娅萍：《北京市密云县土地信托助推流转新模式》，载《金融时报》，http：//trust. hexun. com/2014‐10‐16/169381940. html。

［19］周莎：《农业担保增信土地信托，助推土地流转新模式》，http：//www. bjnydb. com. cn/News_Mes. aspx？type＝1&Id＝155。

三等奖

论反担保的主合同

北京市农业融资担保有限公司　孟光辉

摘要： 反担保是担保，受到担保法律制度的约束，但是反担保又具有自己独特的法律特征。现行法律对反担保的规定匮乏，导致实践上许多问题并不明确，尤其是哪类合同是反担保的主合同，事关反担保合同的效力、权利范围、抗辩权、保证期间等的确定。综合分析看，反担保合同的主合同不是主债权债务合同，也不是委托担保合同，而是本担保合同。

关键词： 担保　本担保　反担保　主合同　从合同　反担保合同

担保是个古老的话题，反担保却是个很现实问题。随着国内经济的发展，尤其是金融业扩张，涉及的反担保事项也与日俱增。银行作为传统的金融机构，其对外直接提供的担保业务种类已经有投标担保、履约担保、预付款担保、质量维修担保、预留担保、海关免税担保、借款担保、透支担保、保释金担保、付款担保、补偿贸易担保、来料加工担保、租赁担保、票据保付担保、提货担保、费用保付担保、延期付款担保、进口保付担保、船公司证明书等，种类不止20种。银行为了控制风险，会选择让被担保人提供反担保[①]，大量的银行对外担保业务，成就了欣欣向荣的反担保业务。

---

① 当前大多数商业银行都有提供反担保的合规性要求。

此外，对于传统的融资业务，尤其是中小企业的融资业务，受制于借款人相对较弱的担保能力，银行往往需要专业的担保公司提供担保。担保公司为借款人提供担保，为了分流自己可能要承担的风险，也会要求被担保人提供反担保。截止到2013年底，全国融资性担保法人机构达到8 185家，行业实收资本8 793亿元，2013年新增担保2.39万亿元，2013年末在保余额2.57万亿元[1]，对外担保业务中的绝大部分，均需要一定的反担保措施进行风险分流。庞大的专业担保公司规模反映了反担保已经成为中国的常态经济行为，是经济生活链条中的重要环节，尤其对金融业的健康发展促进作用不容小视。因此，研究反担保相关问题，已经成为当前中国经济生活之必需。

一、反担保制度的规范现状

反担保也是担保，对此毫无异议，但反担保毕竟不等同于本担保，无论是从担保的设定条件、追偿程序、合同要求、抗辩权还是归责原则上，均有着明显的差异[2]。但国际上有关反担保的规范却不多见。

（一）国际上的反担保制度规范

反担保的雏形最早可以追溯到19世纪美国的备用信用证制度[3]。信用证的申请人（一般为货物的买方）在银行开立信用证并代为付款后，申请人如果违约，银行会占有货物或提单后，该占有

---

[1] 参见中国融资担保业协会网站（http://42.96.184.207/hysj/20140515/1207.html），查阅日期2014年10月9日。
[2] 参见程政举. 反担保制度探析. 郑州大学学报（哲学社会科学版）. 第4期, 第41-44页；潘云华. 反保证人的抗辩权. 江南大学学报（人文社会科学版）. 2002年10月, 第44-48页；刘宝玉. 反担保初探. 法律科学, 1997年第1期, 第42-47页；岳琴舫, 刘平. 保证合同中保证人利益保护的有关问题. 华中理工大学学报（社会科学版）. 1998年第4期, 第53-55页。
[3] 刘宝玉, 吕文江. 债权担保制度研究. 中国民主法治出版社, 2000年, 第213页。

的货物或提单实际上就是提供的反担保。随着国际贸易的发展,备用信用证已经成为国际合同履行的重要信用工具。1933年通过的《跟单信用证统一惯例》明确规定了备用信用证的可适用性。经日后修订,备用信用证的作用日益凸显。1995年《联合国独立保证和备用信用证公约》也明确规定了信用证制度。

(二)国外反担保制度规范

与西方发达的现代法律体系成为鲜明对比的是,无论是大陆法系还是英美法系国家,对反担保制度的法律规范成了凤毛麟角。当前可以查询到的国外反担保立法十分奇缺。《瑞士民法典》第498条第2款规定:"反保证人应当对清偿债务的保证人对主债务人的追偿权承担承担保证责任。①"此外,《埃塞俄比亚民法》第1949条②、《奥地利民法》第1348条、第1362条③也对反担保制度做了简单规定。与此相应的是国外的反担保制度研究文献也较少。国外反担保立法的匮乏,一方面反映了国外对反担保问题关注的匮乏,另一方面也反映了反担保问题在国外社会生活中实际上并不是常见经济现象。初步推测,发达国家对反担保明文立法上的空白,可能与其较为完善信用制度有关,较好的信用制度可以减少失信情况,在一定程度上起到了反担保制度的保障作用。

(三)国内反担保制度规范

1. 早期的反担保规范。反担保制度在我国的历史较短,较早的规范来自于对外金融贸易活动,主要是金融担保。几乎与《民法通则》同时生效的1987年的《境外机构提供外汇担保的暂行办法》第十三条规定:"根据担保的实际风险,担保人有权要求债务人提

---

① 王利明. 中国民法典学者建议稿及立法理由债法总则编·合同编. 法律出版社, 2005年, 第740页.
② 朱凡. 人的担保基本制度研究. 中国检察出版社, 2006年, 第134页.
③ 史尚宽. 债法各论. 中国政法大学出版社, 2000年, 第945页.

供相应的抵押物并收取一定的担保费。"此处虽然未提及"反担保字样",实际内容就是一种反担保。1991年国家外汇管理局的替代规范《境内机构对外提供外汇担保管理办法》第九条规定相同的内容,第十四条规定:"本办法也适用对外反担保。"与此相对应的是,当时的外汇指定银行均出台了相应的规定。《中国工商银行外汇担保暂行办法》(1989年公布)第二条规定:"……凡要求我行出具保函(不可撤销担保书)的单位须向银行提供有外汇的单位的反担保。这种反担保可由当地计委出具,也可由具备足够外汇的企业或主管部门出具。各行在对外出具保函时,可视反担保单位的具体情况要求其提交适当比例的外汇额度。无外汇的行政部门向我行担保者概不接受。"《中国农业银行对外提供外汇担保内部管理规程》(1993年公布)第十二条规定:"具备条件的申请人,直接先发给我行提出申请,按规定格式填写我行《外汇担保申请书》,同时报送以下材料:……有关抵押或反担保函……第十三条规定:我行收到外汇担保申请书后,应对以下方面进行审查:……6. 资产抵押或反担保措施:主要审查资产抵押或反担保措施是否落实。对于资产抵押,要审查抵押物的处分权、变现能力及是否足值。对于信用反担保,要审查反担保人的法人资格、资产负债及损益情况。第十八条规定:项目批准后,担保行应要求与申请人、反担保人签订各项法律文件。(一)签订抵押或反担保文件……2. 对于由第三方提供的信用反担保,属现汇反担保的,反担保人应出具《不可撤销现汇反担保书》,此担保书需经反担保人的外汇开户行签字盖章作出见证。属使用外汇额度加人民币配汇资金提供反担保的,反担保人应分别出具《不可撤销外汇额度反担保书》和《不可撤销人民币反担保书》,并分别由当地外汇管理部门和反担保人的人民币开户行作出见证。(二)签订担保合同,明确彼此的权利义务。担保合同的主要内容包括：……6. 担保合同与保函、反担保函的关系。"《交通银行对外提供外汇担保管理暂行办法》（1994年公布）第二十一条规定："项目评估报告连同担保主合同、担保合同、反担保函、保函等草本及其他有关法律文件有关分支行的贷审会、行长审批。"第二十三条规定："在取得外管局的批准后，有关担保行与担保申请人签订担保契约，主要内容有……3. 反担保条款。"

外汇指定银行的规定虽然不具备法律效力，但有针对性地规范了外汇反担保的实践，为我国确立法律上的反担保制度提供了重要的实践基础。

2. 法律规范。1995年的《担保法》第四条规定："第三人为债务人向债权人提供担保时，可以要求债务人提供反担保。反担保适用本担保法的规定。"以立法的形式将反担保的概念予以明确，在世界上我国属于首次，是个重大的历史进步，从此我国的反担保制度有了明确的法律依据。经过一段时间的适用后，于2000年公布了《最高人民法院关于适用〈中华人民共和国担保法〉若干问题的解释》（以下简称司法解释）。司法解释第二条规定："反担保人可以是债务人，也可以是债务人之外的其他人。反担保方式可以是债务人提供的抵押或者质押，也可以是其他人提供的保证、抵押或者质押。"第九条规定："担保人因无效担保合同向债权人承担赔偿责任之后，可以向债务人追偿，或者在承担赔偿责任的范围内，要求有过错的反担保人承担赔偿责任。担保人可以根据承担赔偿责任的事实对债务人或者反担保人另行提起诉讼。"司法解释进一步明确了反担保的部分制度。2007年《物权法》第一百七十一条规定："债权人在借贷、买卖等民事活动中，为保障实现其债权，需要担保的，可以依照本法和其他法律规定设立担保物权。第三人为债务人提供担保的，可以要求债务人提供反担保。反担保适用本法和其他法律规定。"两条基本法律规定，两条司法解释确立了我国反担保制度的基本框架。

除此之外，中国人民银行、建设部、财政部的部门规章包含了相应的反担保内容。人民银行颁布的《境内机构对外担保管理办法》、《境内机构对外担保管理办法实施细则》，根据法律规定进行了修订。财政部的《境外投资财务管理暂行办法》第十一条规定："……为其他中资企业提供担保前，除按规定经批准外，还必须取得被担保人的资信证明，签署具有法律效力的反担保协议书……"建设部、人民银行联合颁布的《住房置业担保管理试行办法》第二十一条规定："借款人向担保公司申请提供住房置业担保的，担保公司有权要求借款人以其自己或者第三人合法所有的房屋向担保公司进行抵押反担保。"除了法律规定之外，各外汇指定银行也根据法律规定对各自的外汇担保管理规范进行了修订。

前文不厌其烦地把可能涉及的反担保法律规范全部罗列出来，是为了清楚地看到，与庞大的反担保业务规模相比，无论是法律规范还是经济主体的行业规范，都颇显薄弱。实际上，近些年来反担保相关的争议越来越多，不仅在司法上产生了混乱，甚至在日常行政管理上也出现了模糊。例如抵押反担保的抵押登记过程中，担保主债权到底如何确定，全国各地的做法各不相同，以至于影响了担保业的健康发展。其中反担保合同的主合同问题，就是主要的争议焦点。

二、确定反担保主合同的意义

根据法律规定和实践中的惯常做法，在一项反担保业务中主要的合同有以下几种：一是主债权债务合同，是基础性合同，可以独立存在于其他合同之外，合同的相对方是主债权人和主债务人。二是本担保合同，是主合同的从合同，为保证主债权的履行而签订的合同，合同相对人是本担保人和主债权人。三是由本担保行为衍生出来的委托担保合同，一般存在于规范的商业担保机构与主债务人之间，主要约定为主债务人担保的条件、违约责任等，起到明确权利义务的作用，但并非是反担保法律关系中必须存在的合同。四是反担保合同，合同的相对人是反担保人和本担保人，是反担保法律关系必须存在的合同。当然，反担保人也可能会要求主债务人再行提供反担保，会衍生出上述合同中的多份合同，但对于反担保行为是否可以无限复设下去，当前并没有规定。为了维护交易的公平和提高交易效率，还是应当对反担保的复设进行适当限制。此外，合同的形式并非一成不变，实践中四类合同有可能存在于一个或多个合同文本中，具体是单分合同还是合并合同并不重要，只要包含了主债权债务关系、本担保、反担保的主体意思表示，一个完备的反担保民事法律行为就已经成立了，不必纠结于合同形式。

由于反担保合同与本担保合同以及主债权债务合同存在于多方主体之间，有多种合同与反担保合同存在牵连关系，或多或少影响着反担保合同的权利义务履行内容。因此，确定前述合同哪类是反担保的主合同，对各方当事人的利益会有较大差别，也进一步影响着反担保之后的行政、司法程序。

（一）关系着反担保合同的效力

反担保合同也是担保合同，适用担保法律的相关规定，对此毋庸置疑。《担保法》第五条规定："担保合同是主合同的从合同，主合同无效，担保合同无效。担保合同另有约定的，按照约定。"《物权法》第一百七十二条规定："担保合同是主债权债务合同的从合同。主债权债务合同无效，担保合同无效，但法律另有规定的除外。"基本法律以明确规范确立了担保合同的从属性，也决定了反担保合同的从属性。对于从属性的含义，主流观点认为是担保合同不能脱离主合同的存在而存在，主合同有效与否决定了担保合同的效力存在与否。有学者认为《担保法》第五条有"担保合同另有约定，按照约定"的表述，认为担保合同在当事人约定的情况下可以独立生效，无论主合同是否有效，甚至无论是否有主合同。实际上，这是立法本身表述问题，也是部分学者理解上的错误，我国目前至少在法律上并不承认独立担保的存在。担保合同必须依附于主合同，主合同无效时担保合同无效是我国担保立法的基本原则，并没有突破。司法解释的第七条、第八条均是以该原则作为前提来制定的，整个司法解释体系上也没有突破该原则。鉴于容易产生歧义，之后生效的《物权法》因此删除了"担保合同另有约定的，按照约定"的说法。鉴于担保合同的从合同属性原则，反担保合同的效力也与主合同效力息息相关，因此不同的主合同直接关系着不同的反担保合同效力。

（二）关系着反担保合同的权利范围

本担保人（反担保权人）在履行担保责任后，需要对反担保人求偿。求偿范围除了法律明确规定或当事人自行约定的情况外，对于特殊情况下的求偿数额，因主合同的不同而不同。如果是委托担保合同作为主合同，对于委托担保合同当中约定的和履行本担保责任无关的损失，例如担保费、融资顾问费、审计或特别财务费、第三方的中介费等，这些属于反担保的担保范围，反担保人对该部分费用实际上就无抗辩权。如果以本担保合同作为主合同，反担保范围是实际承担的本担保责任限额，与委托担保合同中额外约定费用无关。如果主债权债务合同作为反担保主合同，反担保与本担保的范围将一致，对本担保人将不公平。

（三）关系着反担保人的抗辩权

反担保人的抗辩权，一方面受制于法律规定，另一方面受制于主合同的权利范围。如果主债权债务合同作为主合同，那么主债务人享有的抗辩权等，自然及于反担保人，对于主债务人享有的时效抗辩权等，自然给予反担保人，哪怕本担保人实际承担了担保责任。如果本担保合同是主合同，那么根据合同相对性原则，反担保人只能享有本担保人的抗辩权，越过本担保人直接主张主债务人的抗辩权，难以解释和操作。委托担保合同作为主合同，其抗辩权也不明朗。

（四）关系着保证期间等时效的确定

《担保法》第二十五条规定："一般保证的保证人与债权人未约定保证期间的，保证期间为主债务履行期届满之日起六个月。连带责任保证的保证人与债权人未约定保证期间的，债权人有权自主债务履行期届满之日起六个月内要求保证人承担保证责任。"此处设定的时间点是主债务履行期限届满之日，主合同决定着主债务履行期限。对于反担保来讲，如果像本担保一样直接适用该规定，那么本担保和反担保的保证期间可能完全一致，而实际情况是本担保人履行完担保责任时，方能确定对反担保人的直接主债权数额。保证期间如何计算，从何时计算，显然是主合同起着重要作用。由此延伸，诉讼时效何时起算也与主合同有密切关系，影响着司法实践。

（五）关系着物权登记

《担保法》第三十九条规定："抵押合同应当包括以下内容：（一）被担保的主债权种类、数额；（二）债务人履行债务的期限；……"第四十四条规定："办理抵押物登记，应当向登记部门提供下列文件或者其复印件：（一）主合同和抵押合同；……"基本法律的规定，使得反抵押登记过程中，不仅需要在合同中明确被担保的主债权种类、数额，明确债务人履行债务的期限，而且主合同是行政许可要求的必备要件，需要提交登记部门。对于本担保，达到上述法律要求，没有困难。但是对于反担保抵押登记中，就需要明确主债权到底是什么。主合同不同，反担保的债务履行期限并不一致。因此，实践中抵押登记要求提供的资料、合同的内容五花八门，有的甚至直接与担保法的规定相矛盾，严重影响了反担保抵押物权的效力，成了专业担保公司与抵押登记部门最纠缠不清的"疑难杂症"。①

三、反担保合同的主合同确定

要确定主合同法律关系，首先要认可担保行为是主债权债务原因行为的附属行为，承认我国担保法律体系所依据的主从合同理论基础。如果不认可担保行为客观上的附属、从属特征，就无从谈起主合同的问题。司法解释第七条、第八条、第九条②等多处涉及的合同无效情况下承担责任的规定，首先是建立在主合同无效，担保合同一定无效的逻辑前提下。至于无效担保人仍然承担责任，是无效合同的处理后果，是一种赔偿责任而不是基于担保合同而产生的直接担保责任，并且适用过错责任原则。在反担保法律关系中存在的主债权债务合同、本担保合同、委托担保合同，哪种是反担保合同的主合同，还是没有主合同或者多个主合同，需要仔细分析，加

---

① 由于该问题成了所有担保公司面临的共性问题，北京市融资担保业协会已经着手与当地抵押登记主管机关协调，以期待对抵押反担保合同的主合同、反担保主债权内容、反担保债务履行期限等沟通一致，统一标准，减少反担保登记过程中的障碍。

② 《最高人民法院关于适用〈中华人民共和国担保法〉若干问题的解释》第七条：主合同有效而担保合同无效，债权人无过错的，担保人与债务人对主合同债权人的经济损失，承担连带赔偿责任；债权人、担保人有过错的，担保人承担民事责任的部分，不应超过债务人不能清偿部分的二分之一。第八条：主合同无效而导致担保合同无效，担保人无过错的，担保人不承担民事责任；担保人有过错的，担保人承担民事责任的部分，不应超过债务人不能清偿部分的三分之一。第九条：担保人因无效担保合同向债权人承担赔偿责任后，可以向债务人追偿，或者在承担赔偿责任的范围内，要求有过错的反担保人承担赔偿责任。担保人可以根据承担赔偿责任的事实对债务人或者反担保人另行提起诉讼。第十条：主合同解除后，担保人对债务人应当承担的民事责任仍应承担担保责任。但是，担保合同另有约定的除外。

以明确。要说明的是，前述三类合同只不过是对主债权债务、担保、反担保民事法律行为的书面意思表示，通常每个法律行为由一个独立的书面合同加以确定，但并不是说反担保法律关系都要存在独立的几类合同加以证明，在一份书面合同中包含三种民事行为意思表示，也视为主债权债务、担保、反担保合同的存在。

（一）委托担保合同与主合同

委托担保合同是实践中体现主债务人委托反担保人向主债权人提供担保的书面意思表示的惯常称呼，合同会对本担保人提供担保的条件、反担保权利义务的内容、违约责任等给予明确。在多重复设反担保的情况下，委托担保合同的内容和主体会略有差异，但基本构架一样。实践中，有人主张委托担保合同是反担保合同的主合同。确定委托担保合同是否是反担保合同的主合同，应当看反担保合同是否从属于委托担保合同，即反担保合同是否依附于委托担保合同。委托担保合同仅仅是反担保业务实践中的习惯合同，主要存在于专业的担保公司对外提供担保的实务中。委托担保合同不是《担保法》、《物权法》或者是《合同法》规定的典型合同，也并非是担保或反担保法律关系成立的必备法律文件，不是法律的强制性要求。也就是说，一项担保的合法成立，未必需要签订书面的委托担保合同。对于大量存在的民间担保，很少会单独签订独立的委托担保合同。一项担保行为的成立，除了法定担保外，提供担保本身就意味着担保人对他人担保的主观意愿，实际上有无书面的委托担保合同，均不会影响对外担保的效力。甚至在有委托担保合同的情况下，即便委托担保合同无效，对外担保合同一般情况下也会有效，反担保合同效力也未必受到影响。因此，反担保合同生效与否并不会以是否存在委托担保合同为前提，反担保合同的成立、变更、消灭均与委托担保合同无必然联系，并不因委托担保合同的存在而存在，完全独立于委托担保合同。显然，委托担保合同不是反担保合同的主合同。

（二）主债权债务合同与主合同

主债权债务合同（以下简称基础合同）是整个担保法律关系中的基础性合同，是本担保合同的主合同，对此没有争议，但直接说主债权债务是反担保合同的主合同有待商榷。基础合同无效本担保无效，本担保合同无效，反担保合同也无效，看似反担保合同无效根本上是由于基础合同无效所导致，由此推断基础合同是反担保合同的主合同。但该逻辑忽视了另外一种情况：当主合同有效，本担保合同无效时，反担保合同一样无效。此时，就可以看出反担保合同并不完全依附于基础合同。另外，反担保合同的法律关系相对人是第三人（也可能是主债务人）和本担保人，基础合同的相对人是主债权人和主债务人，从主体上看并无直接关系。仅仅从合同角度看，反担保合同无论是否存在，也无论何时生效，均不能影响基础合同的任何权利和义务，两个合同完全不能直接影响。即便基础合同无效而导致反担保合同最终无效，也是基于本担保合同的直接影响，基础合同只能是起到间接作用。根据合同的相对性原则，既然两个合同无直接的关联关系，也当然不存在依附关系，基础合同并不能直接左右反担保合同的权利和义务，当然不是反担保合同的主合同。

（三）本担保合同与主合同

反担保的目的是保障本担保履行担保责任后的求偿权能够得以实现，反担保产生的直接原因是由于本担保的存在。基础合同有效，本担保合同无效的情况下，反担保合同无效。反担保的担保权人恰恰是本担保合同的担保人，在两类合同上出现了主体竞合。并且本担保合同是存在反担保法律关系的担保体系中的必备合同，不能缺少或替代。本担保合同有效，反担保合同才可能有效，本担保合同无效，反担保合同也无效。反担保合同的成立、变更、解除、效力变动等均是建立在本担保合同成立并有效的前提下，从这个意义上说，本担保合同是反担保的主合同毫无疑义。部分学者为此已经在多种论述中明确认可[1]。甚至学者在提出的未来民法草案中，已经有了"反担保合同因保证合同的消灭而消灭"的精确表述[2]。

除了确定主从合同之外，更应当准确地理解"主合同无效，担保合同无效"和"主债权债务合同无效，担保合同无效"的准确含义。一份担保合同无论是本担保还是反担保，其包含的内容很多，除了体现担保的意思表示的内容外，也会包含和担保行为相关的一些其他内容，比如担保的报酬、担保无效后双方责任的分担条件、法律文件的格式要求及送达方法、解决问题方式的约定等。担保合同首先要受到合同法的约束，在主体、形式、意思表示均符合法律规定的情况下，合同自成立时候就生效，一般情况下在合同上签字或盖章之日起合同就生效。至于由于主合同无效而导致的仅仅是指与担保直接相关内容无效，其他条款应当尊重当事人的意思自治，不能想当然地认为全部条款无效。有学者认为反担保合同是一种附条件生效的合同，只有等到本担保人履行担保责任获得求偿权之后反担保合同才可以生效。这是对反担保合同生效条件的误解。本担保提供之后，对未来风险的保障义务已经产生，保障风险的债务就产生，这一点与保险业完全一致。只要本担保的风险保障义务产生，反担保的风险保障义务也已经产生，反担保合同已经生效。至于是否实际产生求偿权，是生效合同具体履行问题。本担保履行担保责任，是履行本担保合同义务，反担保履行反担保责任，也是履

---

[1] 刘保玉. 反担保初探. 法律科学, 1997年第1期, 第45页。
[2] 徐国栋. 绿色民法典草案. 社会科学出版社, 2004年版, 第607页。

行反担保合同义务，均是合同生效之后的合同履行结果。何况《物权法》实行以后，当事人可以约定行使担保物权的条件，并不以对主债权人履行担保责任为前提行使担保物权①。未履行担保责任就未取得对主债务人的求偿权，如果以取得求偿权为唯一反担保合同生效的前提，与物权法的规定相矛盾。

参考文献

［1］程政举：《反担保制度探析》，载《郑州大学学报（哲学社会科学版）》，第4期。

［2］潘云华：《反保证人的抗辩权》，载《江南大学学报（人文社会科学版）》，2002年10月。

［3］刘保玉：《反担保初探》，载《法律科学》，1997年第1期。

［4］岳琴舫，刘平：《保证合同中保证人利益保护的有关问题》，载《华中理工大学学报（社会科学版）》，1998年第4期。

［5］刘保玉，吕文江：《债权担保制度研究》，北京，中国民主法治出版社，2000年，第213页。

［6］王利明：《中国民法典学者建议稿及立法理由债法总则编·合同编》，北京，法律出版社，2005。

［7］朱凡：《人的担保基本制度研究》，北京，中国检察出版社，2006。

［8］史尚宽：《债法各论》，北京，中国政法大学出版社，2000。

---

① 《物权法》第一百九十五条规定：债务人不履行到期债务或者发生当事人约定的实现抵押权的情形，抵押权人可以与抵押人协议以抵押财产折价或者以拍卖、变卖该抵押财产所得的价款优先受偿。

试论 P2P 中的融资担保行业风险及对策建议

广东中盈盛达融资担保投资股份有限公司　张　清

摘要： 融资担保机构加入 P2P 网贷作为金融创新和金融脱媒下的产物具有广阔的市场前景，可有效增大债权实现的可能性并强化 P2P 平台的信用供给。然而，由于 P2P 网贷在我国现有制度背景下的法律定位仍不明确，融资担保企业参与 P2P 网贷除了具有常规业务风险之外，还具有 P2P 平台身份异化风险、第三方关联担保风险、P2P 平台恶意等风险。面对以上风险，我们应结合实际情况构建可行的风险控制措施。

关键词： P2P　融资担保　关联担保　风险

前言

用技术打破信息壁垒、以数据跟踪信用记录，互联网技术优势正在冲破金融领域的种种信息壁垒，互联网思维正在改写着金融业竞争的格局。在 2015 年的政府工作报告中，李克强总理也提出制定"互联网+"计划，促进互联网金融的健康发展。由此可见，P2P 作为互联网金融的典型代表无疑将迎来行业发展的"春天"，融资担保机构搭乘互联网金融便车入驻 P2P 行业也具有广阔的市场前景。然而，我们不得不承认，在过去几年的时间里，P2P 行业的发展之路并非一帆风顺。据统计,截至 2014 年 12 月,国内发生倒闭、跑路、提现困难等问题的 P2P 平台就有 261 家,增长率高达 302.68%。① 对于融资担保机构而言,在 P2P 业务本身的法律定位没有完全明确的制度背景下,P2P 平台身份异化、第三方关联担保、P2P 平台恶意等已成为了难以有效控制的风险。为此,深入分析 P2P 中融资担保行业的风险及探讨其可行的风险控制措施具有一定的现实意义。

一、融资担保在 P2P 中的产生及发展

在互联网金融领域,P2P 是指自然人之间或自然人与企业之间通过网络平台实现直接借贷。P2P 网贷平台作为中介方,主要是为借贷双方提供相应的信息发布、资质判定、撮合等中介服务,并从中收取相应费用。P2P 网贷作为金融创新和金融脱媒下的产物,是对中小企业融资困难、民间资本投资渠道缺少的现实回应。自 2005 年第一家 P2P 网站 Zopa 在英国诞生后,P2P 在世界范围内迅速发展。据网贷之家的数据显示,截至 2015 年 2 月,全国共有 1 646 家 P2P 平台,2014 年全年 P2P 网贷行业的成交量接近 2 600 亿元,2015 年前两个月 P2P 全行业成交量接近 700 亿元②。

一方面,P2P 公司的出现促使传统民间借贷的范围延伸到借贷者的社交圈和所在地区以外,大大丰富了可供借贷双方选择的对象,从而促成借贷协议的达成;另一方面,P2P 公司提供信用评估,贷款推荐等增值服务,由此推动随意性较强的民间借贷走向标准化

---

① 中国报告大厅 [EB/OL]. http://www.chinabgao.com/stat/stats/39949.html,2015 – 03 – 24.

② 新华网 [EB/OL]. http://news.xinhuanet.com/local/2015 – 03/26/c_127621459.htm. 2015 – 03 – 30.

并增加了借贷过程的透明度。①然而，P2P 网贷的一些内生性缺陷也逐步显现。由于借款人往往是缺乏足够的有效担保且资信状况也不理想的客户，即被银行机构所称之的"边缘客户"。这些"边缘客户"在实践中的信用违约率远大于一般商业银行贷款。自然地，缺少了传统民间借贷中"熟人文化"的信息纽带和道德约束作用，P2P 网贷平台在我国信用体制及资信环境下的抗风险能力将有可能大打折扣。自然地，由于信用供给不足、风险状况难以估量，P2P 平台即使附以高额利息诱惑，在市场竞争下也难以获得投资人的青睐。为此，在市场机制的引导下，纯中介性质的 P2P 平台开始引入担保机制，通过增大债权实现的可能性强化平台的信用供给。尽管当前 P2P 平台经营模式多样化，但就担保而言主要还是两种模式："平台风险准备金担保模式"和"融资担保企业担保模式"。前者是指 P2P 平台以自有资金或由借贷双方缴纳的一定比例资金建立风险准备金，当借款人违约时由风险准备金先行赔付借款人的损失；后者是指 P2P 平台与第三方融资担保企业（关联或非关联企业）合作，当借款人违约时由担保企业先行赔付。值得一提的是，在市场竞争的作用下，融资担保企业担保模式也衍生出"平台 + 国有担保企业"的强强联合模式，如被称为华南 P2P 平台第一标杆的鹏金所就是采用这一模式的成功范例。

纯中介性质的 P2P 平台逐渐被市场淘汰，融资担保企业涉足 P2P 平台并为之增信，是资本作为生产要素在市场经济中资源优化配置的自然过程。在学术界，学者们对 P2P 网贷的法律定位一直争论不休，目前主要存在三种主流观点：第一种观点认为应将 P2P 网贷纳入网络化的民间借贷范畴；第二种观点认为 P2P 网贷属于金融融资业务范畴；第三种观点则认为 P2P 网贷属于广义的证券发行行

---

① 吕祚成. P2P 行业监管立法的国际经验[J]. 金融监管研究，2013（9）：94 – 106.

为。倘若 P2P 网贷被认定为民间借贷合同关系、居间合同关系，则融资担保行业遵从的主要是如《合同法》、《担保法》等基本民事法规；若定性为金融融资业务，则 P2P 融资担保企业还应当遵从相应金融法规并接受银监会等金融部门监管；若未来资产证券化得以推动，包括 P2P 网贷在内的广义融资行为可能会纳入证监会监管范畴，而 P2P 融资担保行为的性质则可能转变成证券增信机构（SPV）的增信行为。由此可见，P2P 网贷的法律定位关乎 P2P 融资担保行业的发展方向。目前，我国大部分的 P2P 融资担保行业主要是在民间借贷基础之上发展而来。现在大多数学者也倾向于认为如果网络借贷仅需民事合同的意思自治，中国银监会则不会专门成立普惠金融部对 P2P 进行归口管理了。其实，在金融创新问题上，政府向来坚持"容忍原则"，防止过分严厉的政策扼杀创新。与此同时，由于近年来监管的模糊，P2P 网贷平台及其相应的融资担保企业乱象丛生，严重影响金融市场秩序和债权人的利益。对 P2P 融资担保行业来说，建立相应的法律制度与行业规范刻不容缓。

二、P2P 中融资担保行业的风险探析

融资担保行业涉足 P2P 网贷是一种正常的市场行为，相应地也承担着我国现有资信环境下的市场风险和政策风险。由于部分 P2P 平台责任人携款而逃，大量的还款压力在"去杠杆化"后重重地压在相关融资担保企业身上，严重损害融资担保企业的利益，甚至出现部分融资担保企业一夜倒闭，引发金融市场的大面积流动性风险，最终损害债权人的利益。为此，为了更好地规范 P2P 网贷中的融资担保市场，有必要对其相关风险进行深入探讨。

（一）常规业务风险

P2P 中融资担保的常规业务风险主要是指融资担保企业在 P2P

网贷中充当担保人所承担的通常性市场风险。在 P2P 网贷中，担保人所承担的市场风险远大于其他担保业务，主要原因首先在于 P2P 平台的客户群体多为难以从银行获得贷款，信用状况难以核实的"边缘客户"。这些急需资金的个人和成长中的中小企业，由于其特定信息结构所对应的边际信誉成本低于大企业，且单次贷款额较小，对银行而言交易成本过高，故在市场机制作用下容易因市场失灵使得融资性资源供给不足。[①]当然这种客户群体的"错位"，也是 P2P 平台得以生存的根本。其次，融资担保企业对 P2P 客户群体事前风险调查和事后追偿权实现，成本往往也相对较高。网络的分散性和匿名性，加大了事前客户信用调查的困难；担保企业承担担保责任后实现追偿权时，又可能因为缺乏对借款人有效的反担保措施致使债权无法实现。因此，融资担保企业作为第三方参与到 P2P 网贷时要充分评估业务风险。作为投资人而言，考察与平台合作的融资担保企业资金实力是否雄厚，抗风险能力是否足够强大，在某种程度上比选择 P2P 平台本身更为重要。

（二）P2P 平台身份异化风险

P2P 平台诞生之初，其主要功能就是为了撮合市场上信息不对称的借贷双方并为之提供中介服务，平台本身并不参与到借贷关系当中。然而，为了吸引更多的借款人投资，很多网贷平台纷纷打出"保本息"的口号，以"风险准备金"的名义承诺借款得以偿还。从本质上，P2P 平台居间人的身份已经发生异化，同时充当起居间人和担保人的角色。这种"保本息"的经营模式其实在 P2P 行业中广泛存在，虽相关监管部门暂未对这种"保本息"P2P 平台做集中清理规范，但以自有资金为投资人提供保本息的承诺在一定程度上

---

① 彭磊. 均衡信贷配给信用担保与中小企业融资[J]. 当代财经，2003（8）：50–53，60.

已触犯了"平台本身不得提供担保"的监管底线。因此 P2P 平台这种变相担保业务的合法性值得怀疑。

（三）第三方关联担保风险

2014 年 7 月，融资性担保业务监管部际联席会议办公室发布的《关于融资性担保机构违规关联担保有关风险的提示函》已明确指出 P2P 网贷中第三方关联融资担保公司的风险。这些风险主要表现为：融资性担保公司的关联方通过另设理财类公司或 P2P 平台等方式向社会集资，再由融资性担保公司提供担保，并将募集的资金用于关联交易或民间借贷等活动，因资金链断裂，巨额债务不能到期支付，引发众多债权人围攻担保公司及政府有关部门的群体性事件。正因为如此，一时间 P2P 市场上关于"去关联担保化"的呼声日益高涨。笔者认为，P2P 关联担保之所以容易产生上述风险，一方面是由于关联关系的存在，使得相应的监管部门对融资担保企业利用关联关系控制 P2P 平台非法吸收存款和挪用资金的非法行为难以监管；另一方面则是在 P2P 平台存在关联担保的情况下，即使资金没有发生资金违法违规问题，但担保本质是为了增加债务人责任财产的范围，故在债务人与担保人存在重大关联关系时，其担保的可靠性就会因其经济利益的牵连而减损。① 此外，在实践中，关联关系的存在可能会使得融资担保机构因过分信任 P2P 平台对借款人的信用评估，而放松自身对借款人的信用状况和财产状况的审查力度，盲目提供担保，进一步加大了担保行业的风险。

（四）P2P 平台恶意风险

在 P2P 网贷中，平台作为居间人在撮合借贷双方交易，寻找第三方合作担保机构时，往往掌握了相对详细的信息。在缺乏监管的

---

① 柴珂楠. 融资性担保在 P2P 网络借贷中的运用、风险及应对策略 [J]. 海南金融，2014 (6): 82-88.

情况下，部分恶意的 P2P 平台往往利用自身的信息优势损害担保人的利益，如虚构借款项目和借款人、与借款人恶意串通、不对借款人进行尽职调查等。担保人虽然可以依据《担保法》的相关规定提出免除担保责任的抗辩，但由于网络贷款的特殊性致使担保人难以举证。为此，在学术界也存在这样的观点：基于特定的共同利益，由关联的第三方融资担保企业参与到 P2P 平台担保项目中，能更好地避免平台恶意风险的出现。只要担保人是稳健的，投资人的债权就是安全的。

三、控制 P2P 中融资担保行业风险的对策建议

金融管制阻碍了市场对利润的追逐从而诱发金融创新，而金融创新又随着风险的积累重新引发管制部门关注。于是在这种管制与创新的博弈中，秩序与制度得以完善。面对着迅猛发展的 P2P 融资担保市场，与其以行政命令的方式生硬禁止，不如积极探索风险的应对途径。加强 P2P 网贷及其融资担保市场的行业自律、大力倡导央行征信系统的扩容建设、明确监管主体和加大监管力度等倡议虽是老生常谈，但无不反映了一个基本的道理：在面对金融创新时，我们无论采取何种方式或手段，其目的都是为了防御风险、分散风险本身。对于当前 P2P 中融资担保行业的风险该如何防范与分散，笔者认为应从以下两个方面予以考量：

（一）客观认识 P2P 中融资担保的风险

由于 P2P 网贷客户群体的特殊性，其蕴含的市场风险相对较大是毫无疑问的。对此，我们应该有正确的认识而非片面地夸大风险或刻意地与银行不良贷款率作出横向对比，进而否定 P2P 及其担保市场的价值。面对担保行业的常规业务风险和平台方的恶意风险，融资担保企业在承接 P2P 担保业务时，要强化企业自身风控措施，

毕竟法律手段在通常情形下只能提供事后的救济，难以完全挽回融资担保企业的损失。此外，我们还需认识到，在P2P网贷中要防范系统性的、大面积的信用风险出现，关键在于稳住融资担保企业，因为平台的风险是通过融资担保企业向债权人传导的，降低融资担保企业的风险就意味着降低债权人的风险。

（二）构建分散风险的具体措施

要防范和分散P2P中融资担保市场的风险，笔者认为以下几个措施符合我国的实际且切实可行。

1. 完善融资担保企业评级机制，提高市场准入门槛。融资性担保企业本身作为信用的经营者，以自身的财力和信誉为融资者增信的同时，其本身的信用情况也非常值得我们关注。当前关于融资担保企业信用评级呈现出各省市评级组织者不同、评级机构多样、评估标准不一的混乱状况。因而，笔者认为应推行由省级融资担保协会为统一组织，以统一评级标准委托两家以上有资质的评级机构对评估对象进行独立评级，并综合衡量各评级机构的评级报告再决定相应融资担保企业的信用等级。基于P2P网贷客户群体的特殊性，进入P2P担保市场的融资担保企业应当具备强大的风险对抗能力以保证网贷市场的稳健。因而提高进入P2P融资担保市场的准入门槛，限定只有符合特定信用评级的融资担保企业才能进入是非常有必要的。

2. 合理引导关联担保。目前监管部门虽然对P2P平台设定了禁止平台自保的监管红线，但对关联担保并未作出明确的禁止性规定。就关联的第三方融资担保企业参与P2P担保项目是否应予禁止问题，金融界一直有很大的争议。笔者认为既然相关的融资担保企业获得了国家认同，就没有理由禁止企业基于正常的市场行为进入P2P网贷市场，即使两者之间具有特定的关联关系。原因在于：第一，关联担保行为并没有违反我国的法律法规。从《融资性担保公司管理暂行办法》第 19 条"融资性担保公司经监管部门批准,可以兼营下列部分或全部业务……(三)与担保业务有关的融资咨询、财务顾问等中介服务"的规定来看,融资担保企业进入具有融资咨询中介性质的 P2P 平台是有法律依据的,而是否为关联担保则在所不问。第二,法律并不禁止风险更为巨大的上市公司间的关联交易,监管部门通过完善的信息披露制度有效地降低市场风险。这样的方法在 P2P 关联担保中同样值得借鉴。第三,从本质上看,融资担保企业与 P2P 平台即使存在关联关系,并不必然会出现违规吸收存款和变相放贷行为。第四,现在市场上大多关联的融资担保企业依然合法合规经营。实际上,P2P 网贷行业能够得以蓬勃发展完全离不开融资担保企业,许多平台最初正是依靠担保公司的背景资源发展而来。正因为如此,监管部门并没有明令禁止关联融资担保企业参与网络金融。关联融资担保所引发的市场风险完全可以通过信息披露和提高准入门槛等制度加以防范和分散,对其更应注重合理引导而非一味禁止。

3. 引入集合再担保制度。对于前文所提鹏金所的"平台 + 国有担保企业"强强联合发展模式虽可给 P2P 行业带来一些新的发展思路,但提倡 P2P 行业复制鹏金所的成功模式并不现实。其实,鹏金所之所以能取得成功的重要原因之一在于其拥有一个庞大的上市公司群背景,也正是这强大的后盾力量才能吸引众多的国有担保企业参与其中。对于刚起步的 P2P 平台,如何在激烈的市场竞争中杀出重围?笔者认为,在借鉴鹏金所成功经验的基础上可引入集合再担保制度。所谓集合再担保制度,即将几家实力雄厚的担保公司集合在一起组成统一担保人,对承接原担保业务的担保公司进行担保。①

---

① 彭大衡,李燕敏. 集合再担保介入 P2P 借贷的探讨 [J]. 科技经济市场,2014 (1):82 - 85.

当原担保人不能独立承担担保责任时,再担保人将按合同约定比例向债权人继续剩余的清偿,以保障债权的实现。多家担保企业的引入,增加了债权实现的责任财产,能够起到很好的风险抗击效果。在 P2P 网贷中,集合再担保是一种有效分散风险的方式,特别是在担保人为关联担保企业的情况下。考虑到 P2P 网贷市场当前的风险状况及未来的发展方向,引入集合再担保制度并将其法定化是一个合理有效的选择。

4. 完善个人征信体系。据统计,目前我国央行征信中心的数据覆盖人口达到 8 亿人,但其中真正有信贷记录的仅为 2.9 亿人,5 亿人没有任何信贷记录。① 同时,央行征信中心所收集的征信信息仅为个人基本信息与信用卡消费、还款记录。对于 P2P 平台中的融资担保机构而言,仅凭以上征信信息难以对投资者作出客观的信用评价。加之,P2P 平台的投资者众多且受互联网广泛性与虚拟性的影响,担保机构在线下对投资者做一一信用调查也不现实。为此,我们有必要加快完善个人征信体系的步伐。

对于完善个人征信体系的思路,笔者认为除了继续对央行征信中心的数据库做进一步扩容建设外,我们还可适当放开民间征信机构对个人征信信息的收集范围。其实,早在 2015 年 1 月央行已允许芝麻信用、腾讯征信等八家民间征信机构开展个人征信业务。团贷网 P2P 平台也率先和芝麻信用、鹏元征信等第三方信用机构达成合作协议,以双方互通数据的方式增强对借款人信息真实度辨别,同时打造自己的数据模型,通过线上大数据和第三方大数据接入,强化风险控制和识别。② 在大数据的时代背景下,团贷网 P2P 平台的

---

① 新华网 [EB/OL]. http://finance.ce.cn/rolling/201503/24/t20150324_4918634.shtml, 2015-03-24.
② 环球网 [EB/OL]. http://finance.huanqiu.com/roll/2015-03/5999670.html, 2015-03-24.

上述做法无疑对融资担保机构的风险管理工作具有重要的启发作用。

结语

著名的经济学家 Kane 提出的"管制诱导说",认为金融创新的动力来自于金融机构规避监管机构对利润造成的阻碍。在这监管与金融创新的博弈中,P2P 中的融资担保行业身在重重的监管红线内,如何才能找到适合自己的发展之路?在互联网金融的发展浪潮中,如何才能走得更远?除了要有风险忧患意识之外,P2P 中的融资担保行业仍需继续加强"安全内功"的修炼。

参考文献

[1] 中国报告大厅 [EB/OL]. http://www.chinabgao.com/stat/stats/39949.html, 2015-03-24。

[2] 新华网 [EB/OL]. http://news.xinhuanet.com/local/2015-03/26/c_127621459.htm, 2015-03-30。

[3] 吕祚成:《P2P 行业监管立法的国际经验》,载《金融监管研究》,2013(9):94-106。

[4] 姚海放等:《网络平台借贷的法律规制研究》,载《法学家》,2013(5):94-110。

[5] 中国经营报 [EB/OL]. http://tech.sina.com.cn/i/2014-09-14/08389610557.shtml, 2014-09-14。

[6] 彭磊:《均衡信贷配给、信用担保与中小企业融资》,载《当代财经》,2003(8):50-53,60。

[7] 柴珂楠:《融资性担保在 P2P 网络借贷中的运用、风险及应对策略》,载《海南金融》,2014(6):82-88。

［8］新华网［EB/OL］. http：//finance. ce. cn/rolling/201503/24/t20150324_4918634. shtml，2015-03-24（6）：82-88。

［9］环球网［EB/OL］. http：//finance. huanqiu. com/roll/2015-03/5999670. html，2015-03-24。

浅论深化省级信用再担保体系建设

江苏省信用再担保有限公司　莫延民

摘要：省级再担保机构通过近几年的快速发展，形成了诸如再担保的"江苏模式"、"广东模式"、"北京模式"、"安徽模式"等特色经营模式，为缓解地方中小微企业融资难、融资贵问题发挥了重要作用。然而随着经济下行压力的加大、担保监管政策的从严，再担保机构的服务对象——担保机构已经发生了较大的变化，各省级再担保机构在支持担保机构进而支持中小微企业的发展中都遇到了不同程度的瓶颈。本文通过对再担保机构的服务对象进行重新定位，在对目前主要省级再担保模式进行比较分析的基础上提出了当前形势下完善再担保体系建设的新思路，以期有一定的借鉴意义。

关键词：担保机构　省级再担保机构　再担保模式　建议

一、融资性担保行业特性决定了再担保机构的服务对象是政策性担保机构

（一）收益水平低不适宜民营资本以成立担保机构的形式进入担保行业

中国银监会等七部委联合发布的《融资性担保公司管理暂行办法》对融资性担保公司相关经营指标进行了严格设定：融资性担保责任余额不得超过其净资产的10倍，以自有资金投资总额不高于净

资产的 20%，按照当年担保费收入的 50% 提取未到期责任准备金，按不低于当年年末担保责任余额 1% 的比例提取担保赔偿准备金。根据以上规定，对融资性担保机构的盈利模式进行初步测算分析。

1. 对纯融资性担保业务的盈利模式进行测算。以笔者所在的连云港市担保行业为例，连云港市 2013 年共有取得融资性担保机构经营许可证的法人融资性担保机构 43 家。选取其中较有代表性的 10 家担保机构作为分析样本，其中国有担保机构 4 家，民营担保机构 6 家，平均净资产 0.9 亿元，平均担保规模 2.6 亿元，平均在保余额 1.8 亿元，平均净资产放大倍数 2.9 倍。如果按年担保费率 2% 进行测算，可得表 1 所示的结果。

表1　　　　　　　　纯融资性担保业务相关指标的测算　　　　金额单位：亿元

净资产放大倍数	净资产	担保规模	在保余额	担保赔偿准备金	融资性担保费收入	未到期责任准备金	纯融资性担保净收入	净资产收益率
2.9	0.9	2.6	1.8	0.018	0.052	0.026	0.008	0.89%
5	0.9	4.5	3.1	0.031	0.09	0.045	0.014	1.56%
10	0.9	9.0	6.2	0.062	0.18	0.09	0.028	3.11%

根据表 1 的测算，在不考虑风险代偿、经营成本和税收的情况下，开展纯融资性担保业务，净资产收益率仅为 0.89%。当净资产放大倍数为 5 倍时，净资产收益率仅为 1.56%，而净资产放大倍数达到 5 倍的融资性担保机构在当前已经非常少。当净资产放大倍数为 10 倍时，理论上的净资产收益率为 3.11%。

2. 对使用自有资金进行投资的盈利模式加以测算分析。假设某担保机构的净资产为 0.9 亿元，将其中的 20% 用于法律规定形式的投资（假设收益率 8%），其他部分用于存出银行保证金或者定期存款（假设收益率 3%），对融资性担保机构使用自有资金进行投资的盈利模式进行测算，结果见表 2。

表 2　　　　　　　使用自有资金的盈利模式的测算　　　金额单位：亿元

委托贷款收益	投资收益	总收益	自有资金产生的净资产收益率
0.018	0.018	0.036	4%

从表 2 可以看出，融资性担保机构使用自有资金的净资产回报率在 4% 以下。

综上所述，在不考虑风险代偿、经营成本和税收、担保机构使用自有资金占净资产 20% 的情况下，理论上融资性担保机构的平均净资产收益率上限为 7%，整体的盈利水平较低。

（二）担保行业监管政策的从严阻断了民营担保机构的套利空间

担保行业发展初期，为鼓励担保行业发展，监管政策较为宽松，为谋取更高收益，担保机构不同程度地存在高息揽储、经营高利贷、挪用资本金和客户保证金等违规行为，甚至利用其在银行授信为股东套现。这些乱象初期为担保机构带来了巨大的经济利益，但随着监管政策日益严厉，新设机构门槛提高、现有机构资本金使用受到严格监管，加上中小微企业风险项目日益增多，担保行业的资产回报率极低，民间资本不仅不再进入担保行业，甚至从担保行业大面积出逃。以笔者看来，担保行业今后的监管将日益严厉，民营资本不再有可能通过设立担保公司获得套利空间，担保公司政策性的功能将会日益显现，这将使得未来担保行业国有资本将占据绝对主导地位。

二、全国主要省级再担保模式比较分析

再担保机构在近几年的摸索实践中逐步形成了一些较为成熟的再担保模式，现就其中较有特色的再担保模式进行比较分析。

（一）再担保的江苏模式

江苏再担保成立于 2009 年底，注册资本 37 亿元，累计再担保

总额2 200亿元，服务中小企业5万多家。在企业运作上，江苏再担保坚持"政策性导向、市场化运作"原则，以再担保体系建设为主线，逐步形成了再担保的"江苏模式"。

在产品设计上，针对担保机构资质、合作意愿、合作领域的不同，形成主办、承办、特办、专办等四种合作模式。主办担保机构是指与江苏再担保开展机构再担保业务合作的担保机构，在再担保合同有效期内，主办担保机构所有担保项目均纳入再担保体系。专办担保机构是指由特定合作银行向江苏再担保推荐担保机构，江苏再担保仅对该担保机构在上述特定合作银行发生的担保业务进行再担保。承办担保机构是指与江苏再担保开展项目再担保业务合作的担保机构，在再担保合同有效期内，承办担保机构的担保项目须报经江苏再担保审核同意并出具核准意见书后，才纳入再担保。特办担保机构是指与省再担保公司就某特定事项开展业务合作的担保机构，合作范围限定，合作期限随着特定事项的结束而终止。

江苏再担保采取的是不同步代偿的比例再担保方式，承担不超过担保机构50%的风险部分，费率不足万分之八，只是象征性收费。采取只有担保机构确认损失后才能与再担保公司就损失部分进行按比例分担的不同步代偿的方式。实践中，一方面由于中国的司法体系存在的固有周期长、执行难等问题，担保机构最终损失的确定时间长、难度大；另一方面相当部分担保机构的业务操作失范，导致再担保没有办法在短期内对担保机构在流动性、损失分担等方面提供足够支持。因此经过几年的运作，担保机构的合作意愿和合作积极性都有了不同程度的下降。

（二）再担保的广东模式

广东再担保成立于2009年初，注册资本金20亿元人民币。经过近几年的发展，广东再担保业务累计发生额近900亿元，累计服务中小微企业1.2万家。广东再担保公司按照"扩渠道、做体系、建标准、树模式"思路，以"增信—增值"的业务模式，为再担保体系内担保机构提供再担保服务。

在产品设计上，广东再担保根据担保机构不同的资信等级提供机构再担保、产品再担保、项目再担保三种服务模式。机构再担保是对符合其准入条件的民营担保机构，向合作银行提供第二次序、一定比例的一般再担保责任。产品再担保是对符合一定产品特征的项目，广东再担保公司为合作担保机构按照约定的方式、范围、比例等提供再担保服务。项目再担保是广东再担保对符合一定条件的担保项目，采取逐笔审核的方式为合作担保机构提供再担保服务。

在具体操作中广东再担保主要根据评级结果对担保机构选择不同的合作模式。级别在BBB级以下的担保机构，主要采用产品再担保、项目再担保的合作模式；级别在BBB（含BBB）至AA－级之间的担保机构，主要提供机构再担保和产品再担保两类服务模式；级别在AA－级（含AA－级）以上的担保机构，主要以机构再担保为主，辅以产品再担保。实践中，广东民营经济发展活跃，民营担保机构占比较高，在各大银行纷纷终止与民营担保机构的合作，广东再担保目前的机构再担保模式也遇到了一定程度的瓶颈。另外广东再担保的产品再担保和项目再担保是综合运用比例再担保、联保、分保等模式进行的设计，与江苏再担保同样存在着代偿损失难以确定，代偿周期长等问题，长期来看对评级较高的担保机构的吸引力也会下降。

（三）再担保的北京模式

北京再担保是经工业和信息化部和北京市人民政府批准设立的全国首家省级中小企业信用再担保机构，于2008年11月16日成立，注册资本金20亿元。北京再担保按照"政策导向、市场运作"

的业务指导思想,以"搭平台、建机制"为策略的再担保模式。

北京再担保开发了比例再担保、一般再担保、联保及分保等四大类基本再担保业务产品。其中比例再担保和一般再担保是两类主要的再担保业务。在具体操作中北京再担保利用自身优势设计标准化的中小企业融资产品,开发出"创业贷"等再担保产品,引领再担保体系内担保机构向高新技术产业和文化创意产业倾斜。针对目前民营担保机构经营困难的问题,北京再担保推出了附一定宽限期的再担保产品,取得了一定成效,同时北京再担保作为完全财政出资的纯政策性再担保机构,承担了北京市小微企业担保风险补偿资金的申报工作,负责运营市级风险补偿资金。

(四)再担保的安徽模式

安徽省信用担保集团有限公司(以下简称安徽担保)成立于 2005 年 11 月,注册资本 98.4 亿元人民币,是全国注册资本和净资产规模最大的担保机构,是国家首批"中央与地方财政担保风险分担补偿"政策试点承接单位,累计再担保总额 2 136 亿元,服务中小企业超过 12 万户。安徽担保虽然挂名担保,但也从事提供再担保服务,同时推进担保和再担保业务发展。

安徽担保模式的主要特征:一是突出政策性定位,完善体系建设。2013 年以来,先后出资 40 亿元参股注资县(市、区)政策性担保机构,推动全省政策性担保体系建设。安徽担保及其体系成员突出政策性定位,服务对象明确为小微企业和"三农",年化担保费率不高于 1.5%。二是突出龙头带动作用,充分发挥体系整体效能。安徽担保积极创新银担合作方式,以股权和业务为纽带,积极发挥龙头带动作用,代表全省政策性担保机构与各银行业金融机构省级分行(总部)对接,将集团和体系的优势转化为每一家政策性担保机构的优势,使政策效应得以放大。三是建立多元化的担保风险分散和持续风险补偿机制。在全国率先创新了政银担合作模式，将比例再担保机制、财政风险补偿机制与银担风险分担机制进行了集成创新，市县担保机构、安徽担保、银行、市县政府按照4:3:2:1比例分担小微企业融资担保业务风险，建立了"资源共享，风险共管，优势互补，多赢互利"的新型政银担合作关系，增强了银行、担保机构服务小微的信心和动力。

安徽担保采用向担保机构参股注资的方式扶持基层担保机构的成长，这一模式大大巩固和增强了安徽省担保机构在地方以及全省担保行业中的地位和话语权。不足之处在于当经济形势下行、担保机构出现大面积风险时，直接参股担保机构容易引发自身风险升高。多元化的风险分散和持续补偿机制应是未来担保行业持续健康发展的有效路径，值得借鉴推广。

三、深化省级信用再担保体系建设的几点建议

在总结主要再担保机构成功经验和不足的基础上，建议主要从如下几方面深化省级再担保体系建设。

（一）以股权为纽带，加强机构之间的合纵连横，形成真正的行业联盟

1. 思路一是试点探索变分公司模式为子公司模式。这一思路的初衷是充分发挥子公司作为独立主体的能动性，实现省、市两级资源的有效结合。在股权模式上省级再担保公司控股，吸收市、县财政国家股、市级国有法人股和民营股东。市级再担保机构入股各县、区国有担保机构，实现在业务模式、风险管理、对外政策上的协同，建立真正的行业联盟，提高银担合作的话语权。

2. 思路二是由省级再担保机构直接入股担保机构。这一思路的初衷是形成实质的行业联盟，加强对担保机构的管理。这种模式目

前安徽担保集团正在探索推进，需要财政的强大支撑，我们可持续关注其运行情况。

(二) 广泛动员各方面力量帮助担保机构缓解流动性难题

1. 尝试成立省级互助基金。基金由再担保机构发起，采取向特定担保机构募集方式设立，实行半封闭运作。基金来源包括四部分：再担保体系内评级较高的担保机构认购基金、比例再担保项下担保机构缴纳的再担保费、再担保机构匹配部分金额，同时积极争取各级政府部门认购基金。设立"基金持有人大会"作为基金的最高权力机构，由全体持有人组成，持有人按份表决，选举产生"管理委员会"对基金进行管理运作，选举产生"监督小组"作为监督机构。一旦某一担保机构提出流动性需求，基金管理人可根据规程满足其需求。

2. 可通过委托贷款业务直接提供流动性支持。再担保机构应开发针对体系内担保机构的委托贷款业务品种，可通过向担保机构或担保机构的母公司提供资金支持，满足担保机构的流动性需求。在具体操作中可视担保机构及其母公司的具体情况，采取差别化的利率和保障方式。

3. 比例再担保项下，实行一定比例的同步代偿。在比例再担保项下可将同步代偿分为两步走。第一步：一旦担保机构就某项担保业务代偿，担保机构在约定的时间内申报再担保代偿申请，再担保机构在收到代偿申请通知书后将本年度内本担保机构缴纳的再担保费支付给担保机构。第二步：满足如下条件之一：对保证合同项下的纠纷，人民法院已出具《强制执行终结裁定书》，或根据合同约定主债务履行期限届满已超过一定期限，但主债务仍不能获得足额清偿。再担保机构可在一定的代偿容忍度范围内承担损失。另一种思路是如果能成立省级互助基金，可将担保机构在互助基金中的份额放大一定的倍数（以本担保机构所在市所有担保机构的基金份额为限）先行支付给担保机构。

4. 积极推动成立金融控股集团。可积极整合担保、再担保、小贷、租赁、典当、资产管理等金融服务业态，成立金融控股集团，实现集团化发展。一是成立金融控股集团可丰富支持中小企业的方式，可以满足不同类型、处于不同发展阶段企业的差异化需求。二是成立金融控股集团，自身实力将更加强大，在与银行等金融机构的合作中会争得更加有利的地位，更好地为担保机构、中小微企业服务。三是适时推动金融控股集团上市融资，传统的担保业务过于单一，业绩不稳定，资本回报率较低，难以得到投资者的认可和青睐。如果综合其他金融服务，业务结构将相对合理稳定，抗风险能力也较强，盈利水平会得到显著提升，最终也易于得到投资者的认可。金融控股集团通过上市融资，壮大自身资本金实力，可更好地服务于担保机构。

（三）采取可行措施切实分担担保机构风险

从实践来看在再担保体系建设上取得成效的是采用比例再担保的模式。在比例再担保中根据担保机构的不同资质采取不同的风险分担比例和费率并动态调整。但在具体的代偿标准和代偿时机的选择上各再担保机构做法不一，但都强调最大限度地控制自身风险，防止系统性风险向自身的集中转移。因此对担保机构的支持力度就打了折扣，降低了担保机构的合作积极性。因此在比例再担保项下可将同步代偿分为两步走。在上文中已提及，不再赘述。一方面缓解了担保机构的流动性难题，另一方面切实分担了担保机构的业务风险。

（四）搭建业务创新平台，发挥担保机构合力，拓宽合作空间

1. 探索引入保险的"大数法则"，创新体系合作新模式。根据

保险行业的"大数法则",重构担保行业的商业模式,改变担保业"全额责任无条件担保模式",与合作银行或其他担保受益人按比例批量化分担风险。操作模式是,由再担保机构为某银行在某段时间、某个行业、某个产业、某个地区或某个企业类型的批量业务提供担保,银行承担一定比例的风险责任,再担保机构将承保的批量业务分保给体系内担保机构。

2. 搭建科技金融、文化金融、涉农金融服务平台。在这方面江苏再担保进行了有益尝试,如联合担保机构搭建了服务文化类中小企业的文化金融服务平台。江苏再担保在有关部门的支持下,多方协调资源,重点进行了四方面的机制建设工作。一是由合作银行分担10%的业务风险;二是由财政部门拿出专项资金作为风险补偿,建立外部风险补偿机制,进一步分散风险;三是有效对接项目资源,为担保机构提供批量客户资源;四是出台业务补助政策,激励担保机构积极参与此项业务。

3. 搭建直接融资担保服务平台。企业债、中小企业集合票据等直接融资担保品种,担保金额普遍较大、担保周期普遍较长,担保机构受制于资本金的限制,往往很难直接承保。可采取再担保机构先承保再分保的模式,拓展担保机构的业务空间。

4. 探索搭建网络金融服务平台。目前网络金融方兴未艾,如重庆三峡担保推出的网络融资平台"金宝保"、江苏国信担保加盟的"开鑫贷",在支持中小企业融资方面发挥了一定的积极作用。再担保机构应借鉴目前的成功操作经验,与体系内担保机构合作积极探索搭建网络金融服务平台。就特定的网贷平台,可采取某一担保机构承保,再担保机构分保的模式;或可采用再担保机构承包,几家体系内担保机构分保的模式,在有效分担风险的基础上,扩大合作空间,更好地支持中小企业发展。

（五）在行业交流、培训、信息服务等方面为体系内担保机构提供增值服务

1. 加快与人民银行征信系统对接的洽谈工作，为体系内担保机构提供信息技术支持。目前江苏再担保已成功接入央行征信系统。接入央行征信系统让江苏再担保等再担保及担保机构不再依赖商业银行查询征信信息，就能够了解到企业和个人的第一手资料。再担保机构以这一优势完善再担保体系的信息系统建设，加强体系内的信息流通和共享，体系内的担保机构能迅速地获得企业的征信信息，增强了风险防范能力。

2. 定期举办行业培训交流。省级再担保机构可利用自身的资源优势，定期举办业务培训。以法律咨询、风险防控、业务开拓与创新等方面为重点内容。可以灵活地采用全省集中或各市分公司组织等形式。

3. 提供信息共享服务。一是再担保机构可与体系内的担保机构在信息方面进行良性互动，在业务方面互相推介，增加更广泛的合作空间。二是可利用风险简报、担保信息动态等电子化杂志为体系内的担保机构提供信息服务。

4. 发挥谈判人角色，为体系内担保机构争取合作优惠政策。银行制度建设都是来自于顶层设计，省级分行以下不具备改变现有银保合作格局的权限。大多数担保机构位于基层，无法与银行省行以上层级进行沟通。因此在这方面各省级再担保机构通过省级政府平台的优势和背景去与银行沟通谈判，在谈判中发挥积极的作用。积极为担保机构争取保证金减免、风险比例分担、保证金计息等优惠措施。

参考文献

[1] 狄娜，叶小杭：《信用担保实务案例》，北京，经济科学出

版社。

［2］刘新来：《信用担保概论与实务》，北京，经济科学出版社。

［3］叶斌：《中日韩三国再担保制度比较分析》，载《华北金融》，2007（11）。

［4］宋杰：《全国再担保模式的发展和政策建议》，载《当代经济》，2014（5）。

［5］杜朝运，吴明：《再担保机构的风险管控问题研究》，载《徐州工程学院学报》，2014（2）。

［6］陈晓红，钟凡，韩文强：《我国再担保体系建立模式研究》，载《理论前沿》，2008（8）。

［7］赵爱玲，苏宏：《我国中小企业信用再担保机构规划发展问题研究》，载《投资研究》，2011（5）。

我国融资性担保行业监管研究

天元天诚担保有限公司　刘如意

摘要： 自我国第一批融资性担保机构成立至今我国融资性担保行业已走过20余年的风雨历程，20年来担保行业从无到有、从小到大在支持国民经济发展、维系国家金融体系稳定、优化中小企业融资环境等多个方面发挥着越来越举足轻重的作用。党的十八届三中全会以来，融资性担保行业面临新的机遇与挑战，行业自身发展要求加强行业监管。本文以我国融资性担保行业监管为视角，对我国融资性担保行业的监管背景、监管现状进行探讨，并据此提出笔者的建议，本文共分为三部分：

第一部分探讨了我国融资性担保行业监管的背景，在此背景下提出加强行业监管的必要性。

第二部分探讨了我国融资性担保行业监管在制度建设、监管主体、行业自律、现实实践中的现状并指出监管过程中存在的问题。

第三部分针对我国融资性担保行业监管过程中存在的诸多问题，笔者提出自己的几点建议。

关键词： 融资性担保　监管　现状　建议

一、绪论

（一）研究背景

自20世纪90年代初我国第一批专业的融资性担保机构成立至

今，我国融资性担保行业在摸爬滚打中走过 20 余年风雨路程。20 年里，融资性担保行业作为一股新生的社会力量在政府和社会各界的支持下从无到有、从小到大在支持国民经济发展、维护国家金融系统稳定、改善中小企业融资环境等方面发挥愈来愈举足轻重的作用。

2008 年美国次贷危机席卷全球，我国股市、金融市场、出口贸易等方面都产生了巨大波动，经济发展受到严峻考验。在此背景下，我国融资性担保行业仍保持着良好的发展势头，2009 年至 2013 年间，我国融资性担保行业实收资本年均增长达 36%；在保余额年均增长达 37%；与融资性担保机构开展业务合作的银行业金融机构年均增长达 22%，融资性担保贷款余额年均增长达 28%；中小企业融资性担保贷款余额年均增长达 29%，为中小企业提供担保户数年均增长达 27%；融资性担保全行业担保业务收入年均增长达 30%[①]。

在融资性担保行业不断发展壮大的同时，其在发展过程中面临的问题也逐渐凸显。实践中，部分担保机构为寻求更高利益利用我国法律法规漏洞铤而走险进入高风险的灰色地带，进行违规经营或违法犯罪行为。2012 年华鼎担保事件给融资性担保行业带来的阵痛未除，新的担保危机又开始频发，其中不乏融资性担保机构因非法吸收公众存款、非法集资、非法截留银行贷款、违规使用资金而被查处的情形。根据江苏经济和信息化委员会公布的数据显示，截至 2011 年 6 月底，江苏省具备资质的融资性担保机构数量高达 863 家，但在之后的两年时间里，这些融资性担保机构中分别有 252 家和 127 家被取消经营融资性担保业务的资质，比例占到了总数的三成以上。截至 2014 年 6 月底，江苏全省融资性担保机构仅剩 413 家

---

① 阎庆民副主席在中国融资担保业协会成立大会上的讲话。

（含34家分支机构），较2011年的统计剧减50%以上[①]。以管窥豹，当前我国融资性担保行业的发展势态并不乐观，行业发展中存在诸多违法违规行为严重制约了融资性担保行业的健康、有序发展，加强对我国融资性担保公司的监管工作势在必行。

（二）加强融资性担保行业监管的必要性

1. 风险的客观存在性要求加强对融资性担保行业的监管。融资性担保行业是经营风险、出售信用的行业，其自产生之日便与风险息息相关，信用风险、操作风险、市场风险、法律风险、声誉风险、流动性风险都是融资性担保机构在日常经营活动中客观存在且必须正视的。尤其我国融资性担保行业起步晚，发展时间短，融资性担保机构自身应对风险的经验不足、能力较薄弱。在行业高风险的情形下，融资性担保行业更加需要一个稳定、规范的发展环境来应对各种风险。因此，加强对融资性担保行业的监管是防范和化解担保风险的必然要求。

2. 维护我国金融系统稳定要求加强对融资性担保行业的监管。金融是现代经济发展的核心，稳定的金融秩序是促进国民经济有序、健康发展和维护社会稳定的基石。融资性担保机构作为连接银行等金融机构与中小企业之间的纽带，在有效解决企业融资难问题支持中小企业发展的同时，也有效地帮助银行扩大信贷规模、降低了信贷风险，融资性担保公司与银行的合作是三方共赢的。但是，融资性担保行业属于高杠杆率行业，一旦融资性担保机构因从事违法违规行为或经营亏损不能如约向银行履行代偿义务，担保所涉及的银行信用贷款数额将是巨大，银行不良贷款剧增直接影响金融系统的稳定进而可能引发金融体系的系统性风险。因此，加强对融资性担保行业的监管是维持金融秩序、保证国民经济稳定发展的必然

---

① 资料来源：江苏经信委网站，http://www.jseic.gov.cn/。

要求。

3. 融资性担保行业自身稳定发展要求加强对融资性担保行业的监管。在社会主义法治国家，任何一个行业的健康稳定发展都离不开必要的监管与法律规范，作为与国家金融体系密切联系的融资性担保行业更不能游离于监管之外。融资性担保行业的发展经验也一次次证明，只有建立了完善、健全的监管体系，才能有效遏制存在于行业内的违法违规行为，促进融资性担保行业健康、稳定发展。

二、我国融资性担保行业监管现状

（一）监管制度建设取得重大进展，但仍需进一步完善

2010年3月8日，中国银行业监督管理委员会、国家发展和改革委员会、工业和信息化部、财政部、商务部、中国人民银行、国家工商行政管理总局七部委联合发布了《融资性担保公司管理暂行办法》（以下简称《办法》）。《办法》中对我国融资性担保机构的设立与变更、融资性担保业务的开展、经营规则、风险控制、融资性担保机构准入及监督管理问题进行了原则性规定。《办法》初步构建了规范我国融资性担保行业发展的基本原则和基本制度框架，为促进政府监管部门有效监管、有据监管提供了制度支持，是融资性担保行业监管工作跨越性的一步。

为贯彻施行《办法》，银监会于2009年、2010年分别出台了《融资性担保机构重大风险事件报告制度》、《关于印发〈省（自治区、直辖市）融资性担保行业年度发展与监管情况报告〉和〈机构概览〉编写说明的通知》、《融资性担保机构经营许可证管理指引》、《关于加强融资性担保行业统计工作的通知》、《融资性担保公司高管资格管理办法》、《融资性担保公司公司治理指引》、《融资性担保公司内部控制指引》、《融资性担保公司信息披露指引》八个配套文

件，这些文件对融资性担保机构的准入、经营、风险控制、信息披露及监管工作进行了更为详尽的规范，监管制度建设进一步得到落实。

地方上，各省市地方政府在规范监管工作过程中也进行了卓有成效的尝试。以山东省为例，2010年经山东省政府批准山东省金融办、山东省发改委、山东省财政厅、山东银监局等部门根据《办法》精神结合本省实际联合制定了《山东省融资性担保公司管理暂行办法》对山东省融资性担保机构的经营与监管工作进行制度规范。山东省辖各地市也纷纷出台管理办法对本地融资担保监管工作进行规范，监管工作有了明确的规范指引。

在监管立法工作取得可喜进步的同时，也应清醒地认识到目前我国监管工作制度规范中的不足。首先，在法律性质上讲，《办法》及银监会出台的文件属于部门规章的范畴，地方政府出台的文件属于地方政府规章的范畴。《立法法》规定，对基本经济制度以及财政、税收、海关、金融和外贸的基本制度的制定应当以法律作出，部门规章规定的事项属于执行法律或者行政法规、决定、命令的事项，规章的法律层级低于法律。监管中如果现行监管制度和管理办法与较高层级的法律文件发生冲突，会出现难以取舍的问题；其次，我国当前有关监管的制度仍存在瑕疵，比如《办法》对监管部门的规定并不明确，其规定的由省一级政府确定监管机构的做法虽然保证了监管的灵活性，但同时也使得政府或者其他相关部门对融资性担保机构进行不良干预的可能性增大[①]，现行监管制度有待进一步的完善。

（二）监管主体不明确，缺乏统一的监管体系

《办法》规定我国对融资性担保机构管理采取属地化管理原则，

---

① 丁夫．我国融资性担保机构监管制度研究［D］．西南财经大学，2012．

监管部门由各地方政府自行确定。2009年,国务院在《关于同意建立融资性担保业务监管部际联席会议制度的批复》中批准银监会牵头成立由国家发展和改革委员会、工业和信息化部、财政部、商务部、人民银行、工商总局、法制办、银监会共同组成融资性担保业务监管部际联席会议对融资性担保行业进行统一监管管理。在监管实践中,监管部际联席会议不直接负责地方的监管工作,基层的监管工作由各地方政府自行确定监管部门负责。实践中我国各省市的监管部门各不相同,有的省市由金融办负责监管、有的省市由财政局负责、有的省市由发改委负责。监管主体的多样化导致各地对融资性担保行业的管理指标不同评价指标也不同,不利于构建统一的监管体系,最终影响到监管成效,使得监管难以达到预期的效果。①

(三) 全国性行业协会成立时间短,融资性担保行业内部自律不足,各项制度有待完善

在融资性担保行业发展过程中,我国多数省市都建立了省级或市级担保行业协会从事行业自律管理。但各个行业协会之间缺乏沟通,互动性不强,难以做到信息资源共享。同时,一些行业协会的行政性较强,协会的发展依赖政府部门的支持不能很好地发挥独立客观的作用②。

2013年1月18日,经银监会和民政部批准中国融资担保业协会(CFGA)(以下简称协会)正式成立。截至2013年12月31日,中国融资担保业协会共有会员单位198家,包括国有担保公司、民营担保公司、股份制担保公司、外资担保公司和15家地方担保协会③。协会是由融资性担保机构和地方融资担保行业自律组织自愿

---

① 刘怡莹. 融资性担保公司监管法律问题研究 [D]. 山西财经大学, 2014.
② 王晨曦. 我国担保公司监管问题研究 [D]. 天津财经大学, 2012.
③ 资料来源: 中国融资担保业协会网站, http://www.chinafga.org/。

结成的全国性融资担保行业自律组织,是对《办法》的贯彻落实。协会成立后积极组织融资性担保机构进行行业自律管理,维护会员的合法权益,维持行业内的正当竞争秩序,为推动融资性担保市场的健康、稳定发展发挥了重要作用。但是,中国融资担保业协会成立时间短,协会的各项制度也亟待进一步落实与完善,在组织行业自律促进行业发展的道路上还有很长的路要走。

(四)融资性担保机构准入监管初成体系,实践中"假担保"制约行业发展

《办法》中对融资性担保机构的准入监管进行了规定,《融资性担保机构经营许可证管理指引》规定了融资性担保机构的经营许可证的审批与监管制度。《融资性担保公司董事、监事、高级管理人员任职资格管理暂行办法》对融资性担保公司董事、监事、高级管理人员的从业准入标准进行了规定,融资性担保机构准入监管机制已初步确立。

我国担保行业从一开始的默默无闻到今日的遍地开花,担保机构在数量上急剧增长,这其中除了依法获批并取得《融资性担保机构经营许可》的融资性担保机构,还有不具备经营许可、业务范围受限的非融资性担保机构,甚至还有大量打着"担保"之名却无担保业务之实的各类投资公司、金融咨询公司等。这些带有"担保"字样却不从事担保业务的公司做着诸如非法吸收存款、非法集资、非法理财、高利放贷等违法违规活动,在社会上造成严重的不良影响,以致在某些地区担保公司成了非法集资和违规业务的代名词,严重影响了融资性担保行业的社会声誉。针对这种情况,银监会、发展改革委、工业和信息化部、财政部、商务部、人民银行、工商总局、法制办八部委联合发布《关于清理规范非融资性担保公司的通知》要求各省、自治区、直辖市人民政府于2013年12月至2014

年 8 月底，对本行政区域内的非融资性担保公司进行集中清理规范，重点是以"担保"名义进行宣传但不经营担保业务的公司。该项活动在保护金融消费者利益，净化担保市场环境，促进融资性担保行业健康发展方面起到了显著的促进作用。

三、完善我国融资性担保监管的建议

（一）进一步推进监管制度建设，健全立法体系

基于我国监管立法层次低、立法体系不健全的现状，笔者认为国家立法机构可以对我国现行的《担保法》或《物权法》进行修改，加入关于融资性担保行业的制度性规定；或根据我国实际国情单独立法，由立法机构制定有关融资性担保机构的法律规定对监管工作进行规范以确保监管工作有法可依，同时在实践中不断完善《办法》，以此为指引协调地方法规、规章的制定与完善，构建一整套完善的立法体系。

（二）明确监管部门，厘清监管责任

笔者认为，针对目前监管中存在的多头监管、监管责任不清的问题，应该进一步发挥部际联席会议统筹全局的领导作用。在此基础上在全国范围内统一规划成立独立的监管机构，对融资性担保机构进行专业化监管。通过专门的监管机构对融资性担保行业进行职责监管，变多头监管为独立监管，使监管机构真正独立行使职权，承担责任，同时通过立法工作，明确赋予监管机构监管的权力，明确监管责任，避免因监管权责不分导致监管工作混乱，监管效率不佳的情形。

（三）促进融资性担保行业自律，进一步发展融资性担保协会

笔者建议在中国融资担保协会领导下，在全国范围内继续加大融资性担保行业协会的覆盖面积，鼓励融资性担保机构加入行业协

会，从广度上发挥行业协会对融资性担保机构的指导与服务作用；各协会在实践中不断完善行业协会组织机构框架、形成统一的行业自律规则，在深度上加强对融资性担保机构发挥指引作用。在内部监管方面，促进行业协会规范化、透明化发展，定期通报本省市担保机构的经营状况、资信状况，引导融资性担保行业积极进行自查、自律工作。在担保培训方面，各行业协会定期开展融资性担保机构及从业人员担保法律、法规培训工作，引导担保机构形成知法、守法、护法的行业氛围。

（四）清理、整顿融资性担保行业违规违法行为，坚决打击"假担保"行为

鉴于目前融资性担保行业内部明显存在的违法、违规行为，以及"假担保"现象充斥市场严重影响融资性担保行业的形象。笔者建议各地方政府组织监管部门配合公、检、法系统继续开展融资性担保市场专项清理、整顿活动。通过整顿活动对有名无实、信用不佳的非融资性担保机构进行规范引导，督促其规范业务类型，做到经营业务不越线、不越位；或促使其积极开展业务和机构转型，发展自身争取早日取得融资性行业经营许可。同时对从事非法集资、非法理财等违规违法行为的"假担保公司"，要坚决予以清理和取缔，并追究其相关刑事责任。

参考文献

[1] 王小香：《我国融资性担保行业有效监管的思考》，载《湖北财经高等专科学校学报》，2009。

[2] 李伟，叶谢康：《融资性担保公司发展与监管相关问题研究》，载《福建金融》，2012。

[3] 丁夫：《我国融资性担保机构监管制度研究》，西南财经大

学硕士论文，2012。

［4］王晨曦：《我国担保公司监管问题研究》，天津财经大学硕士论文，2012。

［5］刘怡莹：《融资性担保公司监管法律问题研究》，山西财经大学硕士论文，2014。

优秀奖

PPP 模式的小企业融资应用

——记中新力合小企业集合债权基金系列产品案例

浙江中新力合担保服务有限公司　项　乘

摘要： 浙江是全国小企业最多的省份之一，小企业为全省经济的发展贡献了重要的力量。然而小企业融资难、融资贵一直是制约其发展的因素，当地政府也在扶持小企业融资方面投入了大量的财力物力。浙江中新力合担保服务有限公司一直专注小企业金融服务领域，将 PPP 模式（公私合作伙伴关系）创新应用于小企业融资领域，通过结构化的风险设计和集聚化的项目组群，有效帮助小企业解决融资问题，大大提高政府了的扶持效率。本文以中新力合小企业集合债权基金系列产品为例，深入剖析 PPP 模式在小企业融资领域的应用，为小企业融资创新服务体系进一步丰富内涵。

关键词： PPP 模式　小企业融资　集合债权基金

今年以来，我国小企业对融资的需求迅速增长，与传统金融服务体系服务能力有限的矛盾较为突出。传统金融机构受严格的监管和风险限制，导致其在做小企业贷款方面必然十分谨慎，在短时期内无法强求其实现巨大转变，因此尽管银行业不断加大在中小企业上的信贷力度，但对于巨大的融资缺口仍旧得不到有效弥补。

同时，政府日益关注小企业融资，做了大量的财力投入和政策安排，但效果往往不够理想，主要原因是政府的投入缺少市场机制的有效配合；另一方面，大量民间资金由于缺少投资渠道而闲置或进入地下，这与小企业普遍的融资饥渴形成矛盾；另外，以青睐中小企业著称的风险投资（VC）这几年发展很快，虽是千里挑一的模式，但他们对一些高潜力却不适合马上投资的企业也无从下手。

因此归总来看，现有的国内市场环境下，缺乏一种有效的机制，能将政府、银行、担保、VC、民间资金这些要素组织在一起为小企业服务。在这样的条件下，一款新产品——"小企业集合债权基金"诞生了。

一、产品模式

"小企业集合债权基金"由信托公司发起信托计划并发行信托产品，然后由政府财政资金（或专项引导基金）、社会资本等几方共同认购，再将所募集资金投向优质小企业用于发展。产品模式如下：

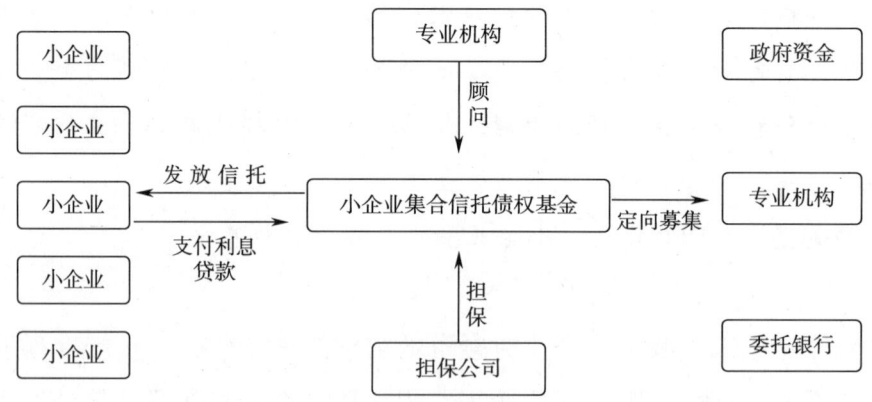

图1 小企业集合债权基金产品功能结构图

政府扶持中小企业发展的政策意图通过结构化金融的设计思路，运用集合资金信托这一债权融资载体得以有效落地。同时，这种方式还拓展了银行以及社会资金委托人的投资渠道，丰富了中小企业的资金来源。此外，通过设计优先、次级、劣后受益人的风险、收益分配结构，不但降低了融资风险，而且满足了不同市场主体对风险和收益的差异化需求。

在此基础上，还创新运用有限合伙制替代信托的新模式，通过"点石合伙"作为放款平台，集合政府、机构、国开行统贷资金为企业放款，进一步丰富了该系列产品的模式。

二、服务对象

"小企业集合债权基金"主要服务于符合区域经济发展或符合特定行业的优质中小企业，尤其适合于政府扶持意愿强烈的区域经济、产业经济，由于引入不同风险层级，特别是我国现有体系下很难获得银行贷款的企业群。目前我国的小企业"融资渗透率"（小企业中获得融资的企业占比）远低于发达国家，小企业融资市场具有很大潜力。"小企业集合债权基金"的诞生，能有效提高小企业"融资渗透率"。

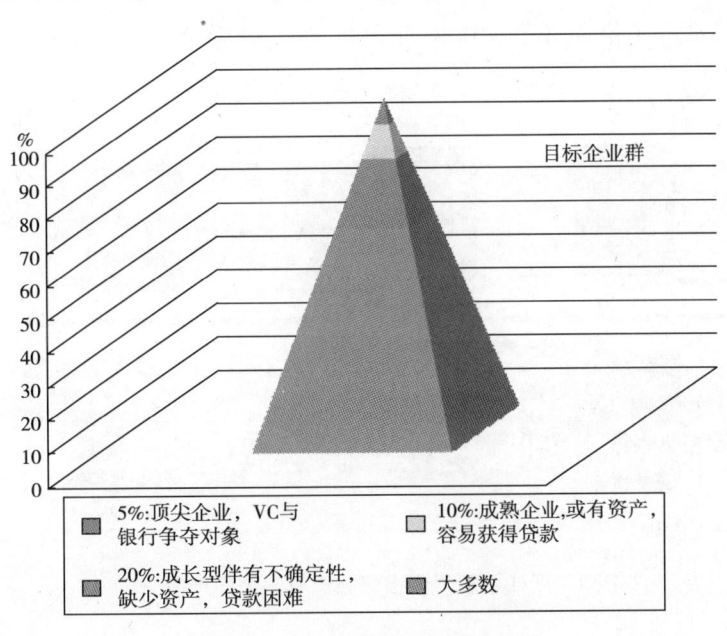

图2　小企业融资渗透率分类图

三、面市情况

2008年9月，浙江中新力合担保服务有限公司（以下简称"中新力合"）推出了第一只小企业集合债权基金产品——"平湖秋月"，这在全国属于首创；2009年2月，又推出了专门面向杭州市文化创意产业小企业群的产品——"宝石流霞"，上述先后两期产品最终为49家小企业提供了1.1亿元信托贷款。而这49家小企业是从总计近700家申报的企业中筛选出来的，可见市场需求的旺盛。

随着以上产品的良好社会反响与经济效应，中新力合继续与信托、银行以及风险投资等多家机构开展合作，在杭州地区继续推出后续产品，如"三潭印月"（杭州西湖区，1.44亿元）、"满陇桂雨"（杭州市第二期面向文化创意产业的债权基金，1亿元）等。此外，中新力合还将这一产品推广到周边省市，如"太湖之星"（湖州市，3 000万元），"创智Ⅰ号"（上海杨浦区，5 000万元），"富春桃源"（富阳市，5 000万元）等。截至2014年6月，小企业集合债权基金已惠及企业455家，累计发放贷款10.5亿元。

图3　浙江中新力合担保服务有限公司产品一览

四、理论基础

小企业集合债权基金的成功推行，意味着一个"以政府财政资金为引导，吸引社会资金有效参与"的新型债权融资模式开始进入小企业融资领域。它不仅让优质的中小企业以低成本获得中长期债权融资，切实解决其企业的资金瓶颈，更重要的是，通过制度化的设计，在政府财政资金的牵头引导作用下，与金融原理有机结合，体现扶持意图、结合市场操作，满足风险偏好，最终完成传统贷款难以服务的目标。

这种制度设计，就是PPP模式（Public – Private – Partnership）：政府部门与社会投资者为提供公共产品及服务而建立的公私合作伙伴关系。

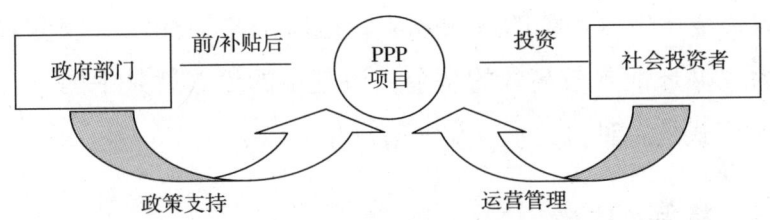

图4 PPP模式典型结构图

PPP模式最初出现在20世纪的美国，一般应用于医院、高速公路等基础设施投资。在经济领域，由于垄断、外部性、信息不完全等因素，仅仅依靠价格机制来配置资源无法实现帕累托最优，于是会出现市场失灵。由于资本的逐利性，随着边际收益递减，投资会逐渐减缓并在边际收益等于边际成本时停止，转而投向收益更高的领域。这对于投资者来说是理性选择，但在某些领域对社会来说并非最有选择。在这种情况下，发挥政府"有形之手"来纠正市场失灵就尤为必要。

在小企业融资领域，由于资本利益最大化和社会效益最大化的不一致性，往往会出险"市场失灵"的现象。小企业具有天然的高风险特征，商业机构缺少向小企业贷款的动力，往往在这一领域浅尝辄止。以往，政府常用的帮扶做法是以直接补贴、奖励的方式对小企业进行扶持，但标准难以制定、效果也很难评估。2008年，中新力合在杭州推出"平湖秋月"、"宝石流霞"小企业集合债权基金系列产品，标志着 PPP 模式在中国被成功应用于小企业融资。PPP 模式下，通过社会资本的参与政府资金的作用得到放大，通过专业机构的市场化运作政府扶持的效果得到明显改善。

财政部科研所所长贾康曾在 2009 年 5 月杭州"中小企业产业引导基金发展研讨会"上指出：小企业集合债权基金的核心在于构建一种政策性支持、金融式放大、市场化运营、专业化管理的机制，让财政资金产生可持续的放大效应，把原来"消耗性"较低效的投入变为"循环性"较高效的基金，该基金的模式就是中国正在成长的 PPP 模式的一种方式。

五、特色及优势

基于 PPP 模式的小企业集合债权基金，经过多年的实践与完善，展现出了其在服务小企业融资方面固有的特色和优势。

1. 资金来源多元化。传统贷款资金来源为银行信贷资金，该产品则由政府资金、银行理财资金、VC 资金三块构成。通过合理的产品设计，在合规合法的基本前提下，吸纳符合政府扶持意愿的优质小企业作为信贷资金的投放对象，在传统风险选择基础上，加上政府的扶持意愿和 VC 的价值评估角度，更容易让优秀但暂时难以获得贷款的企业脱颖而出。同时，发行理财产品为大批具有投资意愿的民间资金提供了出路，让老百姓也参与到中小企业服务中。

"平湖秋月"、"宝石流霞"的银行理财产品一天内全部销售一空，正说明了杭州市民对杭州的科技与文创小企业有信心。

2. 风险设计决定了选择企业的不同。传统银行贷款由于其原则是"不能出现一笔坏账"，因此相对厌恶风险，从银行宏大的资产管理体系角度这是完全合理的。而像文化创意、科技、现代服务这样的小企业具有轻资产，抵押物少，成长性高，经营具有潜在爆发性等特征，为风险投资所看好。而作为银行或担保机构单独承担风险来看，是难以大批量操作的。"小企业集合债权基金"产品独特之处在于，它设计了三方分担风险的机制，不同风险偏好者选择不同风险，享受不同利益。比如银行理财和政府资金注重安全性，因此安排为第一第二受益人，并由有实力的担保机构承担，VC更看重入选企业的成长性，对风险承受力高，因此安排为劣后受益人，无担保覆盖，享受高收益。这样的设计，使得各方"胆子大了，心里有底了"，在看重企业风险的同时也关注成长性，从而使得上述特征的企业可以入选得到贷款。这是一个实践和学习积累的过程，这一机制为探索高成长性小企业的融资提供了可行性基础。而通过实践特别是"宝石流霞"的数据我们验证了，正是这些过去很难获得银行贷款的轻资产小企业，显示出了惊人的高成长性和良好的质地，代表了经济发展的方向。

3. 转变财政资金扶持方式，体现政府引导产业升级意志。借助该类债权基金计划，政府部门尤其是地方政府，在对中小企业的扶持上，改变了以往财政拨付的消耗型方式，而代之以认购信托产品或投资引导基金等更为灵活的循环型资金利用方式，政府面对的是产品而非一个个单独的企业，并通过放弃收益、按期退出等财政资金引导效用增强社会资金的跟进信心，在"资金放大"的明显效应下大大拓展了对中小企业的覆盖范围，有效延展扶持广度；此外依靠拥有明确筛选标准、科学管理方法的专业机构打理相应的资金运作，也更容易挑选和培育起具有一批优质价值的中小企业群体，而这就使得在符合产业扶持政策的大前提下，政府部门在中小企业的产业导向上有了更为可靠、更加清晰的实际抓手。

4. 债权先行、股权跟进。小企业集合债券基金让大批高增长、高价值优质小企业，获得了发展"第一桶金"，同时也无须过多、过早地以"期权"方式出让企业内部股权，保持了企业运作的延续性；同时随债权融资后企业实力的逐步增强，其内在的期权溢价、股权升值效应则能有效地吸引 VC 等金融伙伴共同参与，将资金融通的接力棒有效地传递给风险投资等，通过"债权开路、股权跟进"的方式，为企业量身定制符合它们发展需求的金融服务方案。

5. 方案操作过程透明化、标准化，低成本的中长期贷款。债权基金方案具有易于复制、推广的现实意义。该方案设定有对应的权利义务、职责分工、程序流程等标准化内容，而方案参与各方在遵从法律法规、符合市场规律的前提下，从发行产品、募集资金、筛选企业以及资产运作等各个环节，都由银行、信托、担保等机构按照自身擅长的专业领域进行分工操作，并接受外部公开监督。在创新的同时保证了合规性。特别值得一提的是，由于政府资金的介入和结构化的设计，这一系列产品的成本较低，不仅帮助这些高成长性小企业解决"融资难"问题，更帮他们解决了"融资贵"问题。

创新进取 稳健前行
打造农业融资新渠道
推动"三农"经济快发展

北京市农业融资担保有限责任公司

北京市农业融资担保有限责任公司（以下简称"农担公司"或"北京农担"）于2009年3月成立，是北京市政府为了推动首都农村金融服务体系建设、解决"三农"领域融资难而出资设立的一家专业化农业担保机构，也是全国首家省市级政策性农业担保公司。北京农担经过五年发展，已成为北京市农村金融服务体系"十农"的重要组成部分、五家市级国有政策性担保公司之一、北京市信用担保业协会副会长单位。

在市财政、农委等政府部门、股东、合作伙伴的指导和支持下，北京农担积极履行企业职责，在引导信贷资金浇灌"三农"产业方面取得了很大成效，为首都农业龙头企业、专业合作组织、农户等涉农主体提供了有效渠道来解决困扰已久的生产、发展所面临的融资难题，有效满足并释放"三农"经营主体融资需求。截至2014年末，农担公司累计批准担保项目3 521个，批准担保金额148亿元；累计实现担保责任2 710个，承保规模95亿元，农业担保较好地发挥出扶持首都"三农"经济发展的政策性作用。北京农担先后荣获《中国担保》杂志"2013年中国担保成长先锋"，国培机构、搜狐网"2013年度最受信赖小微企业金融服务提供商"等业界荣誉。2015年初,北京市政府向农担公司颁发"北京市社会主义新农村建设先进集体"称号。

一、北京农业担保的经营理念和运作模式

北京农担成立初期,国内担保行业整体处于成长和摸索发展的阶段,专业细分的农业担保领域仍是空白,没有较为成功的模式可供参考。北京农担成立后首先确立了工作思路、自身定位和经营模式等核心要素。

依照思路清晰、定位准确、运营高效、富有特色的原则,提出了"两个创新"、"两个捆绑"、"两个转变"、"一高一低一延伸"的工作思路,在保证公司能可持续发展的前提下,重点追求创造更大的社会效益,体现强农、惠农、促农的政策导向,成为推动北京市都市型现代农业发展和新农村建设的重要力量。"两个创新"是指在借鉴中小企业担保模式的基础上实现符合农业担保实际的产品模型、评价标准的创新;"两个捆绑"是指政府捆绑和政策捆绑,充分依靠各级政府的支持,把握支农惠农的政策导向,让政府和政策成为农业担保业务的配套支撑手段;"两个转变"是指解放思想突破束缚,转变传统担保思维方式,通过农业担保业务的开展和循环,改变农村地区老旧观念,树立契约意识、信用意识;公司担保业务重点支持高端都市型现代农业项目、低端农户和农业专业合作组织,并延伸到立足农村地区间接拉动农业发展的第二、三产业项目等。

北京农担将自身定位为"三农"与金融机构的桥梁和纽带,按照"政策性资金、法人化管理、市场化运作"的原则开展农业担保业务,服务首都"三农",促进北京都市型现代农业、新农村建设

快速发展，推动北京城乡一体化建设和世界城市建设步伐的政策目标。公司注册资金来自于北京市、区两级财政，全部作为农业担保资金专项管理。北京农担作为市场化运作的公司主体，从成立之初即建立了规范的公司治理结构，搭建了较为完善的组织管理架构，为农业担保业务发展提供了基础保障。担保业务全流程均为市场化运作，严格按照公司风险管理框架及制度执行，保障了农业担保资金的可持续运作和公司稳健发展。

二、北京农业担保业务运营支撑体系

北京农担成立以来稳健快速的发展，得益于正确的战略思路指导以及担保业务核心支撑体系的有效保障。担保业务核心支撑体系包含了政府财力支撑、区县担保网络、银担合作、风险防控和运营、人才队伍管理、信息化建设等六大核心方面；担保业务核心支撑体系的逐步完善，既是对农业担保工作又好又快发展的保障和推动，也是北京农担自身市场竞争力的关键之一。

（一）政府财力支撑体系

主要是指积极争取北京市财政局《北京市农业担保资金管理暂行办法》落地农担，其中对农业担保的资金来源、构成和担保规模、担保对象和业务范围、担保程序、担保资金管理以及监督检查等多方面内容进行了具体可行的规定，确定将资本金增加、代偿补偿机制列入市财政预算制度化管理。

（二）区县担保网络支撑体系

为推动农业担保业务在京郊涉农区县的开展与服务，农担公司陆续设立6家分公司和4家合作机构，覆盖京郊所有涉农区县。目前，区县分公司和合作机构自主审批、推荐的担保业务个数和规模已超过或接近公司当年批准项目个数和规模的三分之一，有效推动公司涉农担保业务，特别是中小规模纯农信贷担保业务开展。

（三）银担合作发展支撑体系

农担公司秉持"合作共赢、风险共担"的原则，不断扩大和深化与银行间的合作关系，保证担保业务的拓展。目前公司已与30余家在京银行签署了合作协议，涵盖政策性银行、大型国有银行、中小股份制银行、村镇银行等不同多种规模的金融机构，有效保证公司担保项目能够快速匹配恰当的贷款银行实现融资、保障农业担保项目来源的广泛性、融资渠道的畅通性和多选择性，使得担保真正成为引导银行信贷资金进入"三农"领域的桥梁和渠道。

（四）风险防控和运营支撑体系

随着公司的发展，农担公司形成了一套较为完善且有农业担保特色的业务运营模式和风险管理体系。可以较好地控制公司运营和担保业务所面临的各种风险，有效保障了农业担保资金的稳健和可持续运作。2011年5月，公司获得北京市金融局颁发的五年期融资性担保机构经营许可证。2014年3月，经上海新世纪评级公司评估后，公司资本市场长期主体评级由AA-级上调为AA级。

（五）人才队伍支撑体系

农业担保目前拥有一支担保业务经验丰富的管理团队，管理人员和员工队伍始终保持了高要求、高素质、高质量的标准。通过各种形式的培训和学习方式提升团队水平、不断完善员工绩效考核与激励制度、打造员工个人职业发展通道等措施，打造专业、高效、执行力强的农业担保工作团队，为公司进一步发展奠定了良好的基础。

（六）信息化建设支撑体系

借鉴国内中投保、深圳高新投等先进信息管理经验，打造建设具有农担特色、能够实现风险控制、数据统计和信息预警功能等的信息体系，为担保业务开展和风险防控提供信息支持，保障整体担保业务稳健发展。

三、农业担保坚持渠道拓展和业务创新服务"三农"融资

成立以来，北京农担面向首都"三农"积极开展融资担保服务，开辟多种融资渠道，为北京市农业龙头企业、农民专业合作社、基层农户及中小微涉农项目发展融资提供信用担保支持。除了通过上述银担合作体系渠道和区县分公司网络渠道拓展担保业务外，公司陆续搭建了多个特色业务平台为涉农企业服务，如：

（一）通过"间接融资+直接融资"方式，大力支持北京市农业龙头企业发展

随着市场日益发挥主导资源配置功能，农业龙头企业作为市场参与者，联系着农业生产和市场需求两端，是社会主义新农村建设的一支重要力量。农担公司积极发挥担保增信作用，通过"间接融资和直接融资"两条渠道解决了一大批农业企业生产和发展中的资金困扰。自2011年起，陆续发行三期"北京市农业中小企业集合票据"，支持市级以上农业产业化龙头企业融资工作。累计为三元种业、红螺食品、华都集团十余家农业龙头企业实现直接融资近10亿元。农业龙头企业通过中小企业集合票据实现低成本长期融资的同时，发行期间的会计、法律等专业事务所入驻也有效提升了企业科学管理水平。

（二）创新发行集合信托产品，打造农民专业合作社融资新渠道

为有效解决长期困扰农民专业合作社的融资难题，支持市级示范社做大做强，自2012年起，农担公司牵头，协调相关金融机构陆续发行多期纯农集合信托产品，先后为24家市级乃至国家级农业合

作示范社提供直接融资合计 5 220 万元。纯农集合信托的发行，有效带动相关二万余户农户的生产经营，增加收入，政策覆盖效应明显；同时也吸引了相关金融机构对北京农业领域信托产品的关注。

（三）打造多特色担保业务产品和平台，满足农业专业合作组织、农户等小微群体融资需求

在传统情况下，低端农户、农业合作社以及涉农中小企业客户融资难的原因在于单体经营规模小、分布散、缺乏有效抵押物，金融机构解决信息不对称的成本高。农担公司结合实地调研了解融资需求和难点，针对首都农业特色业务和规模业务等目标群体，陆续推出相应担保平台项目，统一规范评价标准，提高担保效率，担保规模有效放大。在成立初期推出"5＋5"金融服务行动计划的基础上，陆续细分推出了大型农机服务融资担保平台、"禽贷保"、"茶贷保"、"农贷保"、"设施农业融资担保平台"、"公司＋农户"融资担保业务、商品猪养殖融资担保业务等多种产业担保业务平台来满足广大小微贷款担保需求，单个项目融资额度万元至百万元不等，不以小额而不为。2014 年在北京市政府大力推动京郊旅游发展的前提下，农担公司通过竞争获得市旅游委 1 亿元专项托管资金推出国内首个京郊旅游融资担保平台，用来支持旅游业态企业和农户开展乡村旅游服务等经营活动。

（四）通过担保增信支持区县政府涉农工程和基础设施建设

北京农担已为京郊区县平原造林、水利工程、河道治理、基础设施建设等项目提供 4 亿余元贷款担保，有效发挥了农业担保支持农村地区基础设施建设和拉动"三农"经济发展的政策效应。

（五）与首都农村金融服务体系联动，合力推进"三农"发展

目前，北京市农村金融服务体系已全面涵盖农村地区金融需求的各个领域。农业担保作为体系机构之一，积极发挥自身金融中介

作用，与农业信贷、农业保险、农业投资、农业产业基金、农村要素市场等积极开展业务互动与合作，联手支持首都京郊区域建设和现代化农业发展。例如，农担公司引导客户参加经营对应的农业保险，以此降低自然灾害可能带来的意外损失；为农业基金投资项目公司提供流动资金和集合票据双项融资支持；联合北京市小贷协会，面向北京地区小额贷款公司推出"小贷信用星"无抵押贷款融资产品，为有能力、守信用的小额贷款公司提供高效、快捷的融资解决方案，有效引导社会资金流向首都"三农"和京郊中小企业。

四、北京市农业融资担保典型案例

（一）农业中小企业集合票据产品——以2012年票据发行主体之一格瑞拓普生物科技有限公司为例

农业中小企业集合票据是农担公司面向首都地区农业龙头企业推出的直接融资担保产品，以满足和支持大型农业企业更好地发展并有效发挥龙头带动作用，带动合作农户生产增收致富。

2012年集合票据发行企业格瑞拓普公司，于2004年设立，主要业务为工厂化种植白灵菇、金针菇、杏鲍菇等日常实用菌种。该企业是高科技生物农业产业的典型代表，集中体现了现代农业生物工程技术、工厂化生产及现代管理的综合性、实用性；其白灵菇、金针菇工厂化种植规模居于国内首位，自主研发的工厂化白灵菇栽培工艺已获得国家发明专利。

通过农担公司运作的农业集合票据发行，该企业于2012年5月实现3年期融资2 000万元，用于公司新建二期工程"日产20吨金针菇项目"。随着公司稳健发展、二期工程顺利投入使用和行业收购活动，该公司资产总额从2010年末的1.05亿元发展到2013年末的5.02亿元；净资产从8 433万元增长到3.19亿元；销售收入从

9 870万元增长到 2.06 亿元，年均增长率 36%；净利润从 2 693 万元增长到 4 686 万元，年均增长率 24.7%。目前公司日产金针菇 60 吨，占北京市日消费金针菇 150 吨的 40%，极大地支持了北京市菜篮子的丰富和稳定，并因产品质量有保证，已与海底捞火锅签订长期供货协议，日均供货量 4 吨。公司吸纳当地农村地区四五十岁妇女从事菌菇的采收和包装工作，人数也从 2010 年末的 170 多人增加至 400 余人，人均月收入近 3 000 元，对当地农民的就业和增收作出了积极的贡献。

（二）大型农机购置融资担保产品——以兴农天利农机合作社为例

为了推动北京农业规模化、集约化、现代化发展，北京农担与北京市农业局合作，共同开展大型农机购置融资担保业务，4 年来，农担公司与市农业局农机管理处、北京银行等相关单位密切配合、鼎力合作、积极创新，共同推出多种贷款担保产品。累计向北京市农机大户提供了 70 余笔、6 000 余万元贷款担保。其中，多家农机服务专业合作社已经可以脱离担保增信，直接从银行等金融机构获得经营性贷款。更加可喜的是，随着农机合作社发展蒸蒸日上，日常运营和财务管理面貌一新，陆续吸引并留住许多优秀人才和农学专业毕业生加入到合作社经营和管理中，扎根农村为新农村建设注入了知识和活力。

顺义区兴农天利合作社在担保贷款支持下，四年陆续购置 4 台约翰迪尔青储收割机，作业能力从 2010 年的 5 000 亩提高到 2013 年的 35 000 亩。青储饲料收割面积增加了 6 倍。合作社资产和盈利能力也显著提高，总资产从 2010 年不足 1 000 万元到 2013 年突破 4 000 万元；核心社员人均分红由 2010 年每户 8 万元到 2013 年每户 16 万元，三年翻一番。合作社规模逐渐由起初的 35 个社员增加到

2013年底的312户，增加7.9倍，带动农户超过5 000户。茁壮的梧桐树吸引来金凤凰，四年来先后有6位本科和研究生加盟合作社，成为合作社发展的中坚力量；在其中一位农学专业硕士生的努力和带领下，合作社研究的施肥机液压驱动、深松施肥等4项发明先后获得国家知识产权局专利技术认证书，为合作社的科学发展打下了坚实的技术基础。

浅谈融资担保机构社会责任报告的发布

湖南省中小企业信用与担保协会　胡金涛　彭凌燕

摘要：20世纪80年代，企业社会责任的概念开始传入中国，2005年之后，企业社会责任理念得到广泛传播，许多企业开始踏上了发布社会责任报告的征程，融资担保机构发布社会责任报告的实践相对较晚，直到近几年才零星出现。企业社会责任报告的发布，是以积极开放的心态面对社会公众的监督，在大众传播及新兴社交媒体活跃的今天，融资担保机构主动发布社会责任报告具有重要意义。笔者从我国融资担保行业舆论现状出发，结合大众传播学中的沉默的螺旋理论，指出融资担保机构发布社会责任报告对于传递行业正能量的重要意义，结合湖南省中小企业信用与担保协会搭建融资担保机构社会责任报告发布平台的实践，对平台搭建过程中遇到的问题进行分析和总结，并就目前我国融资担保机构社会责任发布现状提出合理化建议，供实践者参考。

关键词：沉默的螺旋　企业社会责任　融资担保　社会责任报告

我国融资担保机构发布社会责任报告，是近几年才出现的，尚处于萌芽状态，绝大多数融资担保机构还没有意识到发布社会责任报告的重要性，综观全国，参与发布的机构屈指可数，社会影响力有限。

2009年8月19日，《成都日报》全文刊载了成都中小企业信用担保有限责任公司2009年社会责任报告，拉开了融资担保行业发布社会责任报告的序幕。这是中国融资担保行业发展史上第一份企业社会责任报告，在推动我国融资性担保行业健康有序发展方面具有里程碑式的意义。2011年，第十二届全国中小企业信用担保机构负责人联席会议上，浙江金桥担保有限公司、桐乡市诚信担保有限责任公司发布了《2011年企业社会责任报告》。2012年，中国担保杂志社开始面向全国征集融资担保机构社会责任报告，但受版面限制，未能全面深入地反映担保机构的情况，对一些关键性的问题未做详细披露；其后，一些担保机构开始尝试发布社会责任报告，由于势单力薄，影响有限。2013年，由湖南省中小企业信用与担保协会组织发起，20家优秀担保机构集体发布社会责任报告，走在了全国行业前列。

融资担保机构为什么要发布社会责任报告？这还得从融资担保行业的舆论现状说起。

一、沉默的螺旋理论下的融资担保行业舆论现状

我国融资担保行业的舆论现状不容乐观，负面信息铺天盖地，这个在夹缝中摸爬滚打的行业备受社会公众的质疑。为更好地了解融资担保行业舆论现状形成的机制，笔者认为有必要了解大众传播学中的沉默的螺旋理论，该理论诞生于20世纪70年代，是德国女传播学家伊丽莎白·诺埃勒·诺依曼提出的一种理论假设，用于描述舆论形成的过程：第一，个人意见的表明是一个社会心理过程，人作为一种社会动物，总是力图从周围环境中寻求支持，避免陷入孤立状态；第二，意见的表明和"沉默"的扩散是一个螺旋式的社

会传播过程。一方的"沉默"造成另一方意见的增势，使"优势"意见显得更加强大，这种强大反过来又迫使更多持不同意见的人转向"沉默"；第三，大众传播通过营造"意见环境"来影响和制约舆论，经大众传媒强调提示的意见经公开和广泛的传播，容易被当做"多数"或"优势"意见所认知。

融资担保行业的负面新闻频频见诸报纸、网络及新兴媒体，例如融资担保机构倒闭潮、跑路潮、违规操作等内容，这些负面报道以极快的速度广泛传播，容易被当做权威意见，在沉默的螺旋机制影响下，越来越多的人倾向于相信并认可这些负面报道，接受了这些负面内容的公众，在人际传播中，往往会以一种真理在握的姿态迫使那些对融资担保存有不同意见的人以及认可融资担保的人保持沉默，从而进一步加剧融资担保行业的舆论劣势，导致融资担保行业社会形象的下滑，给整个行业带来不可估量的损失，阻碍行业的健康发展。

综合起来，融资担保行业舆论现状堪忧主要原因有三个：

1. 新闻媒体的负面报道。好事不出门，坏事传千里，负面信息往往比较容易为人所接受，加之经过媒体的渲染，负面影响更甚。由于新闻的新鲜性和及时性的要求、记者自身对行业情况不甚了解、被采访人立场及对行业认识的局限性等因素影响，导致一些新闻报道的内容可能与实际情况并不相符，甚至出现一些夸大其词的报道，而社会公众缺乏辨识能力，容易将这些报道当做既定事实，形成对融资担保行业的固有印象。新闻媒体的负面报道不利于公众全面客观地了解和评价融资担保行业。

2. 社会公众缺少了解融资担保行业的途径。融资担保行业自我发声的平台较为缺乏，社会公众希望了解但又无法获得合适的途径，容易造成信息的闭塞，当这些信息的获取存在难度的时候，公众就会转向其他途径,导致融资担保行业正面的信息和能量无法畅通传递。

3. 行业本身存在不足。融资担保行业是一个新兴的行业,依然处于摸索前进的过程中,在风险控制、内部管理等方面还存在诸多不足,还需要社会公众予以包容,帮助这个行业走上正轨。

二、融资担保机构发布社会责任报告的意义

1. 搭建沟通和交流平台。"向利益相关方公开说明融资担保机构履行社会责任的信息,共同推动企业自觉履行社会责任。"[①]

2. 强化内部管理。发布社会责任报告对于融资担保机构而言,是一次自我回顾和检阅的过程,对企业一年中的经营成果、发展历程进行总结,从中发现自身的不足和优势。于无形中提升公司管理者和员工的社会责任意识,督促企业重视责任文化的构建;帮助公司领导层及时发现经营理念、制度和方针等方面存在的不足,把握新的增长机遇;发现企业经营短板,有助于提高企业竞争力。

3. 树立融资担保机构积极正面的社会形象。融资担保行业面临的最大的问题是社会公信力不足。因此,必须搭建一个平台,来传递行业正能量,将行业的真实面貌和风采展现给公众,为公众了解融资担保开辟途径。相比较而言,任何宣传都不如担保机构发布社会责任报告有效。发布社会责任报告以坦诚开放的姿态面对社会公众,发布融资担保机构社会责任报告,有助于宣传担保人经营信用、管理风险、"担社会责任,保经济发展"的理念,树立融资担保行业的形象,提升融资担保机构的社会公信力。

---

① 内部资料,湖南省中小企业信用与担保协会. 湖南省融资担保机构社会责任报告编制指南. http://www.hnrzdb.com/showNews.do?method=showNews&id=fc6816dc44f1d30601453f7d0a0d0021。

三、融资担保机构发布社会责任报告披露哪些内容

湖南省中小企业信用与担保协会根据银监会下发的《融资性担保机构信息披露指引》文件规定，在参考研究不同行业社会责任报告要求的基础上，结合行业实际，制定了《湖南省融资担保机构社会责任报告编制指南》，下发给各会员单位参考。该编制指南指出融资担保机构编制的社会责任报告的内容至少应包括公司概况、公司治理和内部控制、风险管理、担保业务总体情况、履行社会责任情况五个方面的内容，力求全面反映企业发展状况。

1. 公司概况。"主要披露公司价值观、经营理念和企业文化、组织架构、分支机构设置及人员情况、合作的金融机构、资本金构成和资金运用情况及主要财务指标。"[①]

2. 公司治理和内部控制。主要内容涉及公司股东构成及控制人的基本情况及变动，本年度内召开股东会等重要会议及所作出的重要决议情况，董事会和监事会及高级管理人员的构成和履职情况，内控制度的建设和执行情况。

3. 风险管理。主要内容涉及风险管理的原则、流程、组织架构和职责的划分，阐述经营活动中面临的主要风险，准备金提取标准，代偿损失核销，反担保措施，风险预警机制和突发事件应急机制，以及公司流动性风险、市场风险、操作风险和其他风险的管理的方法等。

4. 担保业务总体情况。对企业的承保、代偿、追偿及损失、准备金、客户集中度、放大倍数、业务质量、接受监管部门检查和

---

① 内部资料，湖南省中小企业信用与担保协会. 湖南省融资担保机构社会责任报告编制指南. http://www.hnrzdb.com/showNews.do?method=showNews&id=fc6816dc44f1d30601453f7d0a0d0021。

整改的情况予以披露，充分反映融资担保机构的经营状况。

5. 履行社会责任的情况。重点披露融资担保机构在贯彻国家产业政策和环保政策、促进中小企业发展并引导中小企业优化资源配置、推进我国社会信用建设、支持社区经济发展和社会公益事业方面所作出的贡献。

四、融资担保机构发布社会责任报告遇到的困难和问题

2013年，湖南省中小企业信用担保协会开始着手搭建湖南省融资担保机构社会责任报告发布平台，在社会责任报告编制规范、发布及宣传方面积累经验，迄今为止，已连续发布两年。在组织集体发布社会责任报告的过程中，我们遇到了很多现实的困难和问题：

1. 融资担保机构社会责任意识不强。融资担保机构发布社会责任报告并不是一个普遍行为，许多机构的社会责任意识不强，参与发布社会责任报告的积极性不高。2013年，湖南省20家融资担保机构集体发布社会责任报告，均为获得"优秀中小企业信用担保机构"称号的机构；2014年，发布机构数增加至28家，占全省融资担保机构数的13.53%，其中8家未被评为优秀的机构也自愿加入到发布社会责任报告的行列，其余20家均为优秀融资担保机构。

2. 编制的社会责任报告质量偏低。综观融资担保机构已发布的社会责任报告，普遍存在报告质量偏低的现象，诸如：有的机构披露内容不充分，未涉及关键指标，不能全面反映企业的经营状况；文字表达不够精练准确，错用一些专业术语；有些机构的社会责任报告部分内容雷同，缺少自身特色；有的行文逻辑不够严密，数据不够严谨等。这些问题的出现是正常的，毕竟融资担保行业编制社会责任报告才刚刚起步，还需要时间去进一步完善。

3. 在扩大社会影响方面需要下一番苦功。自2013年开始，湖南省中小企业信用与担保协会在组织集体发布社会责任报告方面形成了一套工作程序,从社会责任报告征集、选编到发布和扩大社会影响方面形成了自己的特色。湖南省中小企业信用与担保协会将优秀融资担保机构表彰和社会责任报告集体发布结合起来,通过召开新闻发布会的方式,邀请各方媒体参加,积极扩大社会影响。

2014年8月15日,湖南省28家融资担保机构集体发布了2013年度社会责任报告,这是湖南省企业发展史上具有里程碑意义的大事,湖南融资担保行业开历史之先河,集体发布社会责任报告,为全省企业作出表率,填补了历史空白。湖南卫视、新浪湖南等多家媒体对此事做了报道,28篇社会责任报告连同《2013年湖南省融资担保行业发展报告》一文收录于内部资料《2013年度湖南省融资担保机构社会责任报告》,并在湖南融资担保网、湘企联合网、湖南中小企业网同步发布。新闻发布会后,协会通过邮寄的方式将印刷的册子分送到各级政府相关部门、银行业金融机构及会员单位,再由会员单位转赠给其合作的企业。此举尽管产生了较大的影响力,但仍觉不足,要想持续扩大社会影响力,挽救日渐负面的行业形象,我们还需要集合更多的社会力量,致力于传播行业正能量,营造积极健康的行业舆论环境。

五、融资担保机构发布社会责任报告的建议

1. 搭建集体发布平台,集中造势,扩大行业影响。全国有八千多家融资担保机构,依靠机构本身去发布社会责任报告所产生的影响微乎其微,笔者认为较为可行的办法是由协会出面搭建集体发布平台,充分利用协会在全国的影响力和号召力,将有意发布社会责任报告的机构集中起来集体发布社会责任报告,这也是目前国内许多行业如汽车、钢铁等行业采取的方式。

通过社会责任报告发布平台的打造，可以吸引更多的担保机构加入到社会责任报告发布的阵营来。这是一项长期的基础性工作，有助于提高行业社会责任意识，扩大社会影响，重塑行业积极正面的社会形象。

2. 拒绝一切商业化的行为。在集体发布社会责任报告的过程中，曾有中介机构表达了合作意向，希望参与融资担保机构的社会责任报告编制工作，收取担保机构的费用，被我们婉言谢绝；也有的发布平台对发布社会责任报告的机构实行收费，笔者认为要保证社会责任报告发布的平等、公平、公正，就必须拒绝一切商业化的行为，理由有以下三个：

（1）任何一个中介机构都不会比担保机构更了解自己公司的运作情况，由担保机构编制社会责任报告是最基本的要求。

（2）社会责任报告的发布要求企业以最真诚的方式，开诚布公地向公众反映企业的实际情况，接受社会监督，若由中介机构加以美化和包装就失去了原本的意义。

（3）中介机构的介入给融资担保机构增加了不必要的负担。

建议中国融资担保业协会和各省级协会建立融资担保机构社会责任报告发布平台，面向所有融资担保机构，免收一切费用，鼓励更多的担保机构发布社会责任报告。

3. 社会责任报告的发布要连续。社会责任报告的影响也是一个慢慢积累的过程，因此，其发布必须要有连续性，不能间断，要坚持下去，让社会公众看到融资担保机构发展的历史进程，分享融资担保机构发展与进步的喜悦，了解担保机构改革创新的成果，提振公众的信心，为行业营造良好的舆论环境。

参考文献

［1］湖南省工业经济联合会，湖南省企业联合会，湖南省企业

家协会:《2013年湖南企业社会责任报告评析》,长沙,湖南人民出版社,2013。

[2] 湖南省中小企业信用与担保协会:《2012年度湖南省中小企业信用担保机构社会责任报告》,http://csr.hnqlw.org/list-145.html。

[3] 湖南省中小企业信用与担保协会:《2013年度湖南省融资担保机构社会责任报告》,http://csr.hnqlw.org/list-183.html。

[4] 湖南省中小企业信用与担保协会:《湖南省融资担保机构社会责任报告编制指南》,http://www.hnrzdb.com/showNews.do?method=showNews&id=fc6816dc44f1d30601453f7d0a0d0021。

[5] 中国担保杂志社:《2013年度全国优秀担保机构集合发布社会责任报告》,http://www.zhongguodanbao.com。

关于地市级再担保体系构建及运营模式探讨

烟台市再担保有限责任公司　杨国斌

摘要： 省级再担保在发挥其再担保主渠道作用的同时，对一些小型担保机构却难以实现全覆盖，无法对其提供快速、即时的支持，而通过地市级再担保的实践看，通过业务下沉，利用其地域信息优势，能较好地对这部分县市级担保机构进行扶持，从而促进行业的发展。

关键词： 地市级　再担保　两级再担保合作

近年来，中小企业信用担保制度为解决中小企业融资难发挥了重要的作用，但也面临放大倍数不足、金融机构不认可等问题，放大杠杆作用受限。自2008年第一家省级再担保机构成立以来，再担保在我国迅速地发展，标志着我国在打通中小企业融资难瓶颈方面有了新的突破，但总体而言，我国中小企业信用再担保行业发展缓慢，成型的再担保体系仍在探索、磨合之中。

一、目前再担保发展的模式特点

作为再担保行业的新兵，我公司在成立以后，曾经对陕西、北京、江苏、广东、深圳等地的再担保机构进行考察和学习，也通过

网络等媒体对各地再担保的业务状况行了了解,总体看,各地再担保机构业务开展呈现以下几个特点:

1. 以省级再担保为主,资金实力雄厚。目前国内的再担保模式以省级再担保为主,根据全国联席会议信息,目前国内省级再担保18家,地市级再担保机构为数不多,估计不会超过10家。省级再担保机构的注册资本金一般以10亿元起步,部分再担保机构甚至达到30亿元以上。而为了提升服务水平,很多再担保机构都将增资扩容列入工作计划,可以预见,在不久的将来,会有更多50亿元甚至百亿元的再担保机构出现。

2. 开展的业务种类主要分三类,即"政策性再担保业务"、"市场化担保业务"与"资本业务"。

(1) 政策性在再担保业务方面,很多再担保机构按照"扩渠道、做体系、建标准、树模式"思路,以"增信—增值"为业务目标,通过"搭平台、建机制"的方式,为广大担保机构提供信用再担保服务,致力于提升信用担保机构对中小企业的融资服务能力和水平,推进信用担保体系建设。

(2) 在市场化担保业务方面,以资本市场担保业务和公共融资担保业务服务为主,发挥规模大、实力强、资质高的优势,参与一些大项目以及信托、私募债、公司债等资本市场直接融资担保。

(3) 在资本业务方面,主要依托资本运作实力,开展了股权期权投资和资金理财等方面的业务。通过资本业务的开展,弥补再担保业务自身收益不足的难题,增强了再担保抵御风险的能力。

3. 银担合作趋向公平。省级再担保由于与具有一定决策权的省级金融机构进行合作,往往能减少决策流程和时间,沟通更加便利,很多金融机构给予再担保免收保证金,利率优惠、绿色通道等便利措施,甚至部分金融机构与再担保探讨风险分担的尝试,部分改变了担保与银行的合作地位不平等的现象。

4. 服务多元化。省级再担保机构往往以再担保集团的形式出现，除了再担保业务，还涵盖直接担保、典当、小贷等行业，可以为客户提供全方位的金融服务，形成对再担保的有益补充，这也是再担保行业未来的发展方向之一。

二、影响再担保发展的因素

再担保的初衷及价值体现在适应担保机构发展的需要，为担保机构增信分险，充分发挥担保机构的杠杆效应，进一步缓解中小企业融资难题。但在走访、调研以及工作实践中，我们也发现，很多再担保机构通过发挥自身资本优势，更多地表现在某些大项目的直保以及一些创新产品的直接融资担保方面，也发挥了巨大的作用，但在促进基层担保机构发展的再担保方面有时鞭长莫及。个人认为，造成这方面的原因主要有以下几个方面：

1. 法律定位的缺失。目前除了《融资性担保机构管理暂行办法》规定担保机构进行再担保的资格条件外，尚没有全国性的关于再担保的法律法规出台。虽然部分省市出台了关于再担保的管理办法，但具体到操作层面，再担保应以何种方式运作，相关部门如何配合，没有具体规定。这固然为再担保机构进行创新减少了束缚，事实上各再担保机构也都在按照自己的理解从事再担保业务，但也在操作层面造成相关部门认识的偏差，不愿越"雷池"半步（更何况不仅仅是雷池）。无法可依，成为再担保的真实写照，也成为发展的大碍。

2. 金融机构配合不到位。一方面，由于没有具体的法律法规，贸然引入再担保容易引起监管的问题。同时，因涉及担保责任的划分，各金融机构尚没有从技术层面进行探讨和研究，因此也对与再担保的合作持谨慎态度。

3. 担保机构的认识不到位。虽然与部分担保已经进行了再担保的合作，很多担保机构也认可再担保在增信分险方面的作用，但由于自身业务范围、业务规模的限制，出于对自身控制风险的自信、成本的考虑，以及再担保在帮助其业务扩张的影响力等方面原因的考虑，对全面的再担保合作持观望态度，仅局限于具体大额项目的个案合作范围之内。

4. 再担保的产品研发和市场开拓能力有待加强。由于再担保在我国起步较晚，模式尚未成型，目前再担保机构业务的开展更多地体现在做项目和做机构上，花费了大量的人力物力。而在做产品方面，由于担保行业内部业务对象的差异性，使得再担保针对特定产品进行开发也面临一定的困难。

5. 补偿机制不到位。再担保作为一种政策性、非营利性的制度安排，理应对其业务开展以及风险代偿有一定的补偿，但实际操作中，往往依靠再担保自身的积累来承担社会责任，这就使得再担保在业务开展过程中不得不加强风险控制，无形中提高了担保机构的准入门槛，进行严格筛选性的再担保，从而使再担保的受益范围变窄。而各级财政也没有对再担保的代偿风险建立长效的补偿机制，国家级专项补助对体量巨大的再担保来说也是杯水车薪。

三、烟台再担保的诞生与成长

随着担保业的发展，烟台市担保机构逐渐呈现出发展不平衡的态势，工商登记在册的 70 多家担保机构只有 27 家融资性担保机构通过规范整顿，获得经营许可证。2009 年烟台市担保机构平均放大倍数仅为 1.6 倍，低于全省平均水平，与烟台总体经济发展水平非常不相称，担保资源浪费严重。一方面，多数担保机构得不到银行认可或认可度很低,吃不饱;另一方面,几家经营好的担保机构由于资本金限制放大倍数已接近上限,发展空间受限。

为了让发展慢的担保机构加快发展,让发展快的担保机构发展得更好更快,烟台市委市政府决定在省内率先成立一家地市级、具有政府背景的专业再担保公司,通过再担保体系挖掘现有的担保资源潜力,进一步扩大中小微企业融资规模,促进担保业整体能力的提升和可持续发展,实现银行、担保、中小微企业间的合作共赢。烟台再担保于2010年6月正式挂牌营业,规划注册资本5亿元,目前已到位3亿元,其中市级财政直接出资占89.5%,其他10.5%来自三家国有控股公司。

公司自成立以来,按照"政策性资金、法人化治理、市场化运作"原则,始终秉持"增信分险、整合提升、创新共赢"的经营理念,以服务担保机构为主导,坚持以再担保为主营业务,以创新提升服务为重点,形成了机构再担保、项目再担保、体系联合担保、专项业务授信再担保等产品系列,并在合作中坚持同责让利的原则,切实让担保机构从合作中受益。到目前为止,累计为8家担保机构100多亿元担保业务提供再担保支持,再担保责任余额近20亿元。再担保体系已初步建立,烟台市担保机构放大倍数从公司成立时的1.6倍提高到现在的3.1倍,体系内担保机构的放大倍数由2.7倍提高到5.5倍,再担保的作用和效果已开始显现。

我们的主要做法有以下几点:

1. 始终坚持再担保为主业。再担保机构与担保机构是合作关系而非竞争关系,为体现这一特点,再担保原则上不做直保业务,从而避免了与担保机构争客户,把主要精力放在担保机构的需求上,通过对担保机构的扶持与合作开展业务。

2. 为担保机构量身定做、提供灵活多样的产品服务。我们开发形成了再担保的系列产品，根据不同的对象、不同的条件、不同的融资需求提供不同的产品组合。机构再担保、项目再担保都是根据担保机构的需求承担20%~70%不等的再担保责任，针对部分担保机构在某些有特色的经营领域提供专项业务授信再担保等，坚持的是为担保机构服务的经营宗旨。

3. 同责让利的原则。为了体现再担保政策性扶持的特点，一方面不增加受保企业的负担，再担保费按比例从担保机构收取的担保费中收取；另一方面，对担保机构实施让利，再担保保费比例低于承担责任的比例10%~40%，真正降低担保机构的成本，让担保机构得实惠，增强了对担保机构的吸引力。

4. 争取优惠政策惠及体系成员。集合体系成员，发挥担保机构合力向金融机构争取优惠政策。由于再担保的参与，使得担保机构能联合起来，以集体的力量与金融机构进行谈判，改变了担保机构单打独斗的局面。由于再担保的介入，提高了担保机构信用认知度和信息透明度，加之风险分担因素，使银行对担保机构在授信额度、保证金比例、审批程序等方面提供优惠和便利成为可能。例如一家担保机构在合作银行的授信额度，从加入体系前的3倍提高到加入体系后的5倍；我们一家担保公司在加入再担保体系后，某银行将授信额度500万元的担保业务审批权限下放到支行，进一步简化了手续。

5. 规范体系成员的行为，促进行业的健康发展。一方面通过独立的评审，促进合作各方对项目的规模、效益及风险的识别与判断，相互提高；另一方面，由于合同的约束，再担保对担保机构的运行也会更加认真地加强关注和监督，促使担保机构规范经营，及时发现问题，及时采取对策，更好地防范金融风险。

四、地市级再担保体系建设的探索和思考

再担保行业的发展离不开强大的资本金实力，从这个角度上说，体量更大的省级再担保具有更大的运作空间和发展优势，业内也对地市级再担保存在有无必要存在质疑。通过几年运作实践，从效果看，地市级再担保体系同样有着旺盛的生命力和市场发展空间。

1. 地市级再担保机构覆盖面更广、更细。省级再担保规模大，理论上符合再担保机构的必然要求，对地市一级比较大的担保机构可能有吸引力，但要对县域一级或规模更小的众多担保机构从资源上、空间上全覆盖可能就无暇顾及，力不从心。即使将这部分担保机构从形式上都纳入再担保体系，对担保机构的业务合作和监督也很难面面俱到，更不用讲面对担保机构的众多中小微企业客户，其短板是显而易见的。

2. 地市级再担保的信息掌控更为全面。担保行业讲究的是信息对称，相对省级再担保，地市级再担保土生土长，更接地气，对当地担保机构和中小微企业的情况更容易掌控，与地方政府的沟通和当地的金融机构合作更具人脉优势。因为信息对称，省级再担保不愿合作的一些担保机构地市级可以合作；因为信息对称，省级再担保不愿参与的一些项目我们也可以参与，正是因为信息对称，为地市级再担保挖掘现有的担保资源潜力，进一步扩大中小微企业融资规模，促进担保业整体能力的提升和可持续发展，实现银行、担保、中小微企业间的合作共赢提供了可能。

五、地市级再担保发展的尝试

加强与省再担保集团的合作，优势互补，探索建立"省市两级

再担保体系"模式。在一个省，既有省级再担保体系，又有市级再担保体系，由于都是面对区域内的担保机构提供再担保服务，二者不可避免地面临竞争，似乎是一种资源浪费。但通过时间看，二者应该是一种"竞合关系"，合作远大于竞争，发挥各自所长、优势互补的合作模式将成为担保行业创新发展的有益尝试。

从理论上讲，省再担保体系与市再担保体系在客户选择上可能有一些交叉，有一定的竞争关系，但我们和省再担保集团都看到了各自的优势，省再担保集团在运作规模上、资质上、技术上等方面有优势，我们在客户资源上、地域环境上、后续管理上具备优势，二者相交而不相悖，所以我们与省再担保集团探索形成两级再担保模式，融合交汇开展再担保业务。

两级再担保体系的框架内容大体为，一是市再担保体系自动纳入省再担保体系；二是双方在区域内合作开展业务，依托省再担保集团资质高、规模大优势，做更大的业务；三是省再担保集团委托市再担保公司对本区域内项目和体系成员进行后续管理；四是业务渠道共享；五是产品创新、人力资源培训共享等。

两级再担保模式目前已正式运转，此前烟台市再担保体系的两家成员与省、市再担保公司成功合作 2.2 亿元融资担保项目。相信随着双方的磨合，条件逐步成熟，合作会更顺畅，效果会更理想。

六、地市级再担保机构当前面临的困难及建议

在探索实践地市级再担保体系的过程中，我们也同样遇到一些困惑的问题，也寄希望于通过健全法规加以解决。

1. 从立法层面对再担保进行规范。再担保经过多年的发展，各级政府也非常支持，但政策过于笼统，仅在《融资性担保公司管理暂行办法》中有寥寥几句，再担保与担保机构、金融机构的合作缺

乏政策和法律依据,仅仅基于合同层面的合作难以在行业内全面推广,这也是再担保体系建设过程中遇到的突出问题。

2. 地市级再担保缺乏成熟的盈利模式。再担保更多的是体现政府政策性引导的作用,不以盈利为目的,盈利能力比担保机构更弱,即便有风险补偿机制,也是对再担保的提升抗风险能力的补充。在现有的模式下,仍然需要通过商业化的运作实现公司的可持续发展。由于无法可依,业务的范围、风险准备金的提取、资金的投资都是按照《融资性担保机构管理暂行办法》来执行的,盈利提升空间极为有限,在监管上能否区别担保和再担保,对再担保差别化对待,增强再担保机构的盈利能力是一个极为现实和亟待解决的问题。

3. 给予地方市级再担保机构公平公正的发展环境。地市级再担保机构与当地众多中小型担保机构的合作,更能体现出支持中小微企业的特点,更具现实意义,在全社会担保体系环节中具有不可替代的作用,国家应该鼓励支持这一创新和尝试。但实际上,地市级再担保机构仍受到一些不公正的对待。例如,地市级再担保不能像省级再担保一样享受国家及有关部门的专项补助和补贴,甚至连申请资格都没有,这对地市级再担保机构很不公平。

"路漫漫其修远兮,吾将上下而求索",再担保是担保行业大势所趋,地市级再担保更易发挥真正再担保的社会效益,虽不易,但我们仍将通过努力,为担保行业的发展贡献一份力量。

国有担保公司：
定位缺失成因及改革方向

江苏省信用担保有限责任公司　唐海艇

摘要： 当前，由于信贷环境的持续恶化及银行信贷政策导向偏差，部分国有担保公司将担保主力投到地方政府兴办的基础设施项目，业务品种过度集中于地方政府平台融资担保，与中小微、"三农"等实体企业客观实际需求脱节，严重偏离国有担保公司成立宗旨。如何加大国有担保公司服务实体经济力度，做好服务中小微企业的定位？本文认为，市场化经营、产品创新及专业化经营路线是目前国有担保公司应该改革的方向。

关键词： 国有担保公司　定位缺失　中小微企业　金融创新

据不完全统计，江苏省部分国有担保公司近年来将大部分业务对象从实体民营企业换成了地方政府平台，担保余额持续增长，担保客户数量却越来越少，平均担保费率呈不断下降趋势，其平台业务占其总担保余额的70%~80%，基本上已经沦为服务于地方政府平台的担保公司。这种情况导致的直接后果就是业务品种单一化，市场资源狭窄化，严重偏离扶持实体经济、服务中小微企业的宗旨，担保风险过度集中于政府平台风险。导致这些国有担保公司进入这种不健康状态的主要原因有以下几点：

1. 外部信贷环境的复杂化和严峻性。近几年，全球经济的不景气导致国内出口订单急剧减少，国内的宏观调控使得房地产、矿产等支柱行业的高收益性难以为继。随着经济不断下行，国内实体企业承受着巨大的洗牌压力，担保公司的代偿金额不断增加，面临着较大的经营压力。为规避风险，许多国有担保公司以国有资产"增值保值""安全高于一切"理念为先，抱着"不求有功，但求无过"的心态，对担保的业务要求以不出风险为首要条件。

地方政府融资平台一般是地方政府为达到融资目的而包装出来的法人公司，一般会将当地的基础设施、土地等资产包装到其名下，收入基本来源于当地财政补贴。政府融资平台性质就决定着不会出现类似民营企业老板"跑路""失联"等情况而导致的信用违约，而国有担保公司最大的底线是不能出现代偿情况，导致国有资产"流失"。在民营企业不断"跑路"的背景下，担保公司为生存就选择了暂时相对安全的政府融资平台。这就构成了担保公司业务品种越来越单一，反担保措施越来越偏向于地方政府平台、政府财政兜底等"垫背"措施，市场资源越来越狭窄的主要原因。

2. 当前政府融资平台不可或缺性。在国内经历金融危机阶段，地方政府融资平台发挥了重要作用，实现了保增长、扩内需、调结构、惠民生目的，尤其是在迅速贯彻落实中央和地方政府决策意图，组织实施重大投资项目建设等方面扮演了重要角色，使经济形势较快地出现了止跌企稳。最近几年，国内经济形势始终处于低迷状态，仍未出现较为明显的复苏现象。民营实体经济正处于洗牌过程中，政府平台仍然是当前经济下稳增长的重要载体，也是地方政府赖以发展，获得政绩的主要舞台。近几年地方政府投融资平台数量增长非常快，特别是经济较为发达的江苏省，各个市区县都有大量的投融资平台。地方政府建融资平台数量大规模增加且层级不断降低。目前，江苏省内不少集镇、乡村都设立了政府融资平台，融资规模不小。据国内有关统计，区县级投融资平台占比已在70%以上。大规模的政府融资平台对资金的饥渴需求，使得银行或者担保公司金融服务机构毫不费力就能找到很多客户，不需要再花费大量精力大浪淘沙般地寻找贷款客户。

3. 银行信贷政策导向偏差。中国银监会已意识到地方融资平台风险的高度集聚，并且已列为银行业三大风险之首，不断要求金融机构评估清理项目风险，严控平台项目投放规模，严格追究违规贷款责任。即使如此，目前在江苏省，各家银行对待政府融资平台贷款的信贷政策仍不尽相同，特别是信贷政策较为灵活的股份制银行，如南京银行、江苏银行等今年对待政府融资平台审批中，若有国有担保公司作为强担保，一般都能顺利获批，其他银行一般通过借用民营建筑等企业作为贷款壳子，实际用款仍为政府平台，通过担保公司借道的情况较为普遍。在利润的驱使下，对成本敏感度低且贷款金额大的政府平台项目历来都是银行信贷员争抢的对象，银行在大规模的投放中也分享了信贷业务的快速扩张及效益增长的蛋糕。担保公司，即使是国有担保公司，属于金融中介服务机构，既要依赖于银行的信贷资金，又要依赖于服务客户的创收，这就基本决定了它偏离不了银行的信贷导向。

这几个主要原因导致了省内的国有担保公司业务主体不由自主地向政府融资平台倾斜，偏离了服务中小微企业的主线。形势更严重的是，政府平台融资风险已慢慢凸显。可以发现，大部分融资平台从设立到运作均为不规范操作，严重不符公司法要求，具体体现为资产的组成不合规，贷款本金来源不明确，贷款用途不能把控等。为防范贷款风险，银行通常都会要求借款人提供融资担保。地方政府为获得贷款不惜违规向银行或者担保公司提供各种明令禁止的担保与反担保措施，包括不限于地方人大、政府出具的还贷支持性文件以及地方财政出具承担还本付息责任的承诺函。

国有担保公司在对区县政府融资平台的审批上一般比较宽松，主要看中第二还款来源，轻视贷款主体。一般只需要银行认可，同时反担保措施满足地方政府财政兜底，当地的一个规模较大的融资平台信用保证，再加上一个当地主管部门出具的支持性协调还款文件，基本就能审批通过。一般对政府平台融资存在的显性和隐负债状况、偿债资金安排和管理模式等方面并没有进入深入的调查研究，如此开展业务基本是不经思考，机械式的担保业务。更为严重的是，担保公司大部分担保的政府平台一般都是经银行、证券公司筛选后的实力较弱的区县级平台，一般占到担保余额的80%以上。因为市级或者经济实力较好的区级平台均能直接在银行获得贷款，这些实力较弱的政府平台面临较大的经营压力，甚至一部分就是靠新贷还旧款，靠新贷款偿还老贷款利息，寅吃卯粮。在这种情况下，担保公司面临的风险在不断膨胀。从担保公司的内部业务结构出发，担保公司若过度集中在政府平台，一般会出现担保笔数下降，单笔平均金额较大，担保业务区域过于集中情况。只要出现一笔风险业务代偿，对担保公司的冲击基本是致命的，这种不健康的经营模式非常不利于担保公司的长久稳定发展，也不利于培养服务于实体经济的金融人才。

目前，中央金融管理部门已经意识到服务于中小微实体企业的重要性，为明确要求进一步提升服务中小微企业的发展能力，加大服务实体经济力度，更好地服务中小微企业，江苏省委十二届七次全会通过出台了《关于加快推进金融改革创新的意见》。国有担保公司，坚持把服务实体经济特别是中小微企业放在突出位置，不断提升服务质量和水平。处在服务中小微企业一线的国有担保公司，必须要重点加强对中小微实体企业融资担保支持力度,为中小微企业提供优惠、便捷的金融服务。这就直接地指明了当前国有担保公司的定位。

如何在当面形势下,既保证国有担保公司的健康发展,实现资本保值增值,又能够贯彻落实中央省委、省政府的决策部署,坚持把中小微企业实体经济放在首要位置,不断提升服务的水平质量呢?

1. 经营市场化,减少行政干预。由于政府的行政权力与经济权力互相交融而造成的"权力经济"问题,使国有担保公司一方面遭受超经济强制,另一方面享受"父爱主义"关怀和软预算约束。作为公法权与私法权相结合的国有担保公司,行政过度干预、经营目标混乱问题一直就是饱受诟病的问题,在市场经济条件下行为容易紊乱失调。目前,江苏再担保体系主办担保机构名录已经达到了129家,基本涵括江苏省内国有背景担保公司。据了解,这些担保公司近几年经营压力加大,代偿率有一定增加,一定程度上与受当地政府各种行政压力干预有关。

国有担保公司是政府出资引导的、以缓解中小企业融资困难、发展经济为目标的企业法人。政府作为经济行为中的重要角色,肩负着倡导市场经济行为,维持市场经济运行秩序,保证市场经济运行效率的重任,必须要遵循市场经济规律,减少行政干预。以李克强总理为首的新领导班子已经深刻地意识到了这一点,为保证行政权力须在法律和制度框架内运行,国内深化行政审批制度改革方针正如火如荼。四川省科学院成玉发现,在国退民进的大背景下,我国各级政府投资建立国有担保公司,有两个目的:一个目的是以担保为支点,发挥财政资金的杠杆作用,直接撬动中小企业融资;另一个目的是让国有担保公司作为先行者,进行成本发现,探索市场盈利模式，从而激活担保市场，吸引更多的民营资本投入担保业。然而，由于职能的二元性，国有担保公司所探索的只会是如何猎取命令经济和市场经济的双重好处，而不会企图发现市场成本、探索对民营资本有模仿价值或借鉴意义的市场盈利模式，这导致国有担保公司缺乏活力，缺乏创新的动力。所以他提出了国有资本债权化、国有股优先股化以及国有担保公司独立事业法人化三种方式进行国有担保公司的改革，以提高国有资本效率，这都是极力地鼓励国有担保公司走市场化经营路线的表现。

2. 业务向实体中小企业倾斜，以业务做大做强为目标。中小微实体企业是担保公司赖以生存的根本，是担保公司的衣食父母。国有担保公司成立的目的就是为了缓解中小企业融资难题，扶持中小微企业成长。健康的担保公司应该是客户数量多，单笔金额小，风险小而分散。担保公司首先要市场细分，严控单个客户及单笔担保金额，这既利于担保公司客户资源的培育，也能避免担保业务单户过大导致的代偿风险。担保公司的业务开拓应戒除浮躁，真正为有真实交易背景的融资做担保，踏实做好尽职调查，控制政府兴办的基础设施项目规模，防止短贷长用现象，对平台项目充分评估还款来源及做好反担保措施，不能寄托于有可能是一纸空文的"财政兜底"。

国有担保公司目前应按照市场需要，在控制风险的前提下，努力做大做强。积极探索与地方政府加强合作，采取吸收合并、兼并收购等多种方式，增强资本实力，并适时需找各种资源扩充担保公司资本金，以市场化的手段积极整合地方担保资源，通过资本纽带，控股、参股地方国有担保机构，或直接设立区域性的分公司，探索集团化发展。

3. 实施担保业务产品创新，提高风险控制水平。最近几年，金融市场发生了较大的变化，资产证券化、网络P2P贷款以及理财资金池等已经成为主流，银行不再是担保公司的唯一资金来源渠道。新形势下，担保公司必须要紧跟金融市场脚步，创新业务品种，内部进行转型升级，走专业化和批量化担保的方向。传统担保公司的银担业务受限于两头，市场越来越小，如何研发符合市场需求、风险可控、操作可行、有利可图的业务产品已经关系到担保公司能否走出当前较为低迷的现状。国有担保公司要抓住国家大力推动小微金融的机遇，积极探索协同合作的商业模式，创新中小企业信用机制和平台，风险分担，开发综合性金融产品，同时提高市场敏锐性，整合信用资源，拓展互联网金融、直接融资和非融资担保的业务渠道，开发新的高端市场。

（1）大力开拓非银担保业务。资产证券化、债券类担保、工程履约担保以及采购类交易行为是目前非银担保的主流。工程担保一直是传统非融资担保的重点，主要体现在履约担保，投标保证金担保，付款担保，质保金担保以及民工工资担保。这类业务收益虽然不高，但是风险相对较低且规模大。目前，农村土地产权流转问题是较为热点话题，不少地方已成功推出土地流传信托产品，该产品市场发展前景广大。国有担保公司可以与信托结构合作，利用国有担保公司在当地与政府良好的合作关系，将流转土地收益权证券化，尝试推出土地流转信托担保业务品种。近几年，国内资本市场非常活跃，债券及集合理财等方式融资方式层出不穷，股权（产权）交易中心、证券公司、信托基金公司等非银行金融机构都是担保公司可以争取合作的对象，多方合作必然能设计出更符合时代发展的金融品种。

（2）互联网金融探索。由于国内征信体系不完整国情，即使在当前陆金所等P2P平台要去担保化背景下，担保公司从事线下的第三方担保仍具有较大市场。目前国内的投资者风险定价的概念淡薄，财富管理和资产管理领域的法律法规并不完善，个人理财市场的多数投资者对于保本有过高的期望值，针对不同类别的资产收益率风险无法评估。投资者对产品的了解主要建立于对募集平台及担保措施的认识，对于有保本或者提供第三方保证的理财产品仍受大部分投资者青睐。但担保公司从事 P2P 的风险仍比较高，据国内 P2P 专家马志伟表示：国内 P2P 坏账率在 6%～10%。如何利用引用大数法则、CDS 等，做好风险定价，实现收益覆盖风险是当前担保公司能否进入网络金融的首要解决问题。

（3）担保公司专业化经营。全球经济发展中，专业化经营无疑是保证企业核心竞争力最重要的手段。担保公司专业化分工必然是未来发展的趋势，专业化有利于担保公司减少对客户信息的不对称性，增强风险控制水平，提高经营效率，降低交易成本。近几年，即使众多担保公司代偿情况愈加严重，江苏省内从事"三农"等专业化担保公司如苏州农业担保公司等代偿率始终处于较低水平。在中小企业信用担保机构负责人联席会议上，中国银行吴国联认为：担保公司发展的未来优势就是专业化经营，未来担保行业的分工将更加细化、专业化。随着金融多元化的发展，担保公司的生存空间将会被压制，而危机本身和竞争加剧，也在客观上促进了行业的优胜劣汰。

参考文献

[1] 姜欣欣：《在发挥政府投融资平台作用中防范信贷风险》，载《金融时报》，2009。

[2] 江苏再担保张乐夫同志传达习近平总书记在省部级主要领导干部全面深化改革专题研讨班开班式上的重要讲话精神，ht-

tp://www.jscg.cn/bbs/2014-08-08。

［3］成玉:《政策性担保公制度缺陷与改革路径》,载《西南金融》,2008(3):57-58。

［4］罗晓春:《大型国有担保公司平稳发展的思路》,http://blog.sina.com.cn/2014-04。

［5］胡萍:《"钻"才能专评融资担保机构的专业化之路》,载《金融时报》,2014。

［6］植凤寅:《担保公司风险与未来》,载《中国金融》,2012(19)。

发展政府支持的担保机构体系
缓解中小微企业融资问题

重庆市三峡担保集团有限公司　刘兴义　龚　震

摘要：政府支持的担保机构是担保行业发展的趋势，是促进中小微企业融资难、融资贵的有效手段。明确界定政府支持的担保机构范畴，从法律层面、监管体系、机构与业务体系、行业自律和多资金渠道等五个方面，加强对政府支持的担保机构体系建设。为扩大中小微企业融资规模，降低融资成本，提高市场竞争力提供支撑，并有效解决我国担保行业面临的主要问题，净化行业环境，维护金融生态环境。

关键词：政府支持类担保机构　法律层面　监管体系　机构和业务体系　行业自律　多资金渠道

在我国，50%以上的税收、60%的GDP、70%的进出口总额、80%的城镇就业岗位和99%的企业总数来自中小微企业，成为了市场经济的基础细胞和国民经济发展的生力军。然而中小微企业始终面临着融资难、融资贵这一世界性难题，严重制约其发展能力，对提高市场竞争力，走向国际市场形成阻碍。历届政府高度关注中小微企业在发展中面临的融资方面问题，并开展了多项工作对中小微企业进行支持，以求解决融资难、融资贵现象，发展融资性担保机构，便是这些工作中的重要一环。但融资担保机构是具有一定准财政行为的融资促进机构，通过市场手段促进中小微型企业融资，由于承担风险与收入不成正比，故业态本身并不具备盈利能力，在发展过程中也出现了不少问题。2014年7月23日，国务院发布《关于多措并举着力缓解企业融资成本高问题的指导意见》，要求多措并举缓解企业融资成本高问题，其中指出"进一步完善小微企业融资担保政策，加大财政支持力度。大力发展政府支持的担保机构，引导其提高小微企业担保业务规模，合理确定担保费用"，符合担保行业本质和发展趋势，为我国担保行业发展和担保体系完善指明了方向。

一、政府支持的担保机构体系是担保体系的最终发展趋势

社会信用缺失是担保行业产生的重要前提，担保行业发展的重要任务是推动社会信用体系的建立和完善。因此，政府支持的担保机构应是符合行业发展任务的担保机构，即通过"两支持，两反对"予以界定。一是支持贯彻落实政府宏观政策，符合产业结构调整方向，服务国家重点建设领域的担保机构；二是支持解决中小微企业融资问题，通过多资金渠道解决中小微企业融资难，以合理收费降低中小微企业融资成本的担保机构；三是反对为高耗能、高污染和产能过剩项目提供担保，不符合社会资源优化配置和行业调整的担保机构；四是反对违法经营，"挂羊头，卖狗肉"，主营业务异化，开展非法集资、非法吸储、非法理财，造成担保行业混乱，威胁金融生态环境健康的害群之马。

从国际国内担保行业发展趋势上看，单纯追逐高额利润回报的商业性担保机构（以下简称纯商业类担保机构）无法得到政府支持，将逐渐退出历史舞台。首先是生存根基逐渐消除，随着市场经

济体制不断完善,经济主体的信息公开,因交易环节信息不对称的担保需求将逐渐消除。其次是监管不断从严规范,从事违法经营活动的担保机构将被清退出市场。再次是以追求利益最大化为目标的担保机构,往往存在风险管控不严,形成不良资产不断暴露,合作机构日益减少的局面,难以正常开展业务,从而选择主动退市。市场上将仅保留部分具有准财政性质,以非营利为目的,通过市场化手段,配置公共资源,帮助政府实现政策意图的担保机构(以下简称政府支持类担保机构),并成为政府重点支持的对象。

(一)目前我国担保行业及担保体系发展情况

自1993年中国经济技术投资担保公司成立以来,我国担保行业先后经历了探索前行、快速发展、爆发增长和规范监管四个阶段。截至2013年末,全国融资性担保行业已发展有法人机构8 185家;全行业实收资本8 793亿元,平均实收资本1.07万亿元;融资性担保余额2.22万亿元,融资性担保放大倍数2.34倍(数据来源:行业协会)。通过20年的发展,全国担保机构已分为政府支持类担保机构和纯商业类担保机构两种类型,其中政府支持类担保机构以国有担保机构为主,并包含了部分具有较强社会责任感的大型民营担保机构。虽然政府支持类担保机构在数量上远少于纯商业类担保机构,但在解决中小微型企业融资难、融资贵问题上,却发挥了主要作用。我国担保行业正按照最终发展趋势逐步前行,纯商业类担保机构正逐渐退出市场。

1. 落实政策目标实现政府意图。政府支持类担保机构不以追求高额利润为目的,通过保本微利的经营方式,积极支持当地中小微企业发展、地方经济发展和重大项目建设,实现政府的政策意图。从实际经营范围上看,政府支持类担保机构分为三类,一是支持国家级和省级、跨省联动的重点政策的省级政府支持类担保机构,如实现国家支持库区经济发展、破解库区产业空虚化和促进移民就业增收为成立初衷,正积极转型为"面向西南、走向全国"的三峡担保集团;如安徽担保集团以"巾帼创业"、"富民兴业"计划,服务"三农"领域;如为了支持国家振兴东北老工业基地发展战略而成立的东北再担保。二是为全省的中小担保机构提供信用增进,缓释当地担保行业经营风险,引导中小担保机构服务中小微企业的省级再担保机构,如安徽省、江苏省、北京市、广东省等地的省级再担保公司,有效提升当地融资性担保放大倍数,增加了中小微企业融资规模。三是为促进某一地区或行业发展,服务当地或特定领域中小微企业融资的区县级政府支持类担保机构。

无论是哪级政府支持类担保机构,其担保费率均处于较低水平,让利于中小微企业,减轻了企业融资成本,如北京的中关村担保、首创担保的担保费率在1.5%~2%;西安的航天担保和曲江文化担保的担保费率在1%~2%。纯商业类担保机构在资本的逐利性下,则以最快效率,获取最高收益为经营目的,但担保行业的非营利性,使这类担保机构在实际经营中往往收取较高担保费,并且采取截留企业贷款资金、转嫁保证金等手段实现利润最大化,增加了中小微型企业经营负担,造成社会不稳定,如2012年爆发的中担华鼎案件。

2. 担保能力较强市场认可度高。担保机构是一种经营信誉、管理风险、承担责任、获取收益的金融中介机构。是否处理好信誉、风险、责任和收益的关系,直接关系到担保机构的市场认可度,而政府支持类担保机构在此四方面均具有明显优势。一是经营信誉方面,主观上政府支持类担保机构重视信誉,有偿必贷,维护金融生态环境;客观上政策类担保机构通过实现政府发展意图,得到了各项政策扶持,获得了政府的增信。二是管理风险方面,政府支持类担保机构风控制度严格,执行到位;业务开展符合国家产业机构调整,无系统性风险。三是承担责任方面,政府支持类担保机构规模大,实力强,能够有效地承担担保责任,防止形成担而不保的局面。四是获取收益方面,政府支持类担保机构仅获取有限的收益,让利于实体经济。

因此,市场各方对政府支持类担保机构的担保能力,均给予充分认可,尤其是省级政府支持类担保机构,担保成效更是显著,其担保发生额和在保余额均能占到行业70%以上的市场份额,融资性担保放大倍数普遍高于市场平均水平,切实服务了中小微型企业融资。如三峡担保集团作为重庆市龙头担保企业,担保发生额和在保余额分别占到重庆地区的26%和37%。纯商业类担保机构,一方面由于担保能力较弱,与银行合作困难,加速了主营业务异化;另一方面,受主营业务异化影响,银行更加限制与其开展合作,形成恶性循环,难以真正服务中小微型企业融资。从2013年起,纯商业类担保机构便因违规经营、管理不善、风险爆发等因素,或被监管机构取消经营许可,或主动退市,部分地区退市的纯商业类担保机构甚至占到当地担保机构总数的50%以上,如江苏省担保市场在2012年和2013年期间,退市担保机构达到379家;广东担保市场在2014年8月至9月期间,担保机构退市也有20家。

3. 树立行业标杆引领合规发展。省级政府支持类担保机构和再担保公司作为地区担保行业的龙头企业,承担着行业标杆的示范作用。一是作为行业标准的制定者,为当地其他担保机构提供风险评定标准、业务操作流程和担保费率定价,在一定程度上降低了企业经营风险,避免了行业内恶性竞争和"乱收费"现象。二是作为行业发展的引领者和社会信用体系建设的推动者,通过相对完善的公司治理、有效的风险控制和严格的内部管理,为其他担保机构起到了积极示范作用,提高了行业整体水平,如三峡担保集团有限公司制定的《综合业务管理手册》、《财务内控手册》和参照巴塞尔协议Ⅲ中内部评级法建立的财务模型,成为了重庆市担保机构业务发展、风险控制、财务管理等方面的典范。三是作为创新驱动的先行者,研发的标准化、流程化担保业务产品,为其他担保机构更好地开展业务提供了技术支持,如北京再担保研发的"商贷通"和"互助担保"等批发性业务模式;广东再担保研发的"速保通"专项产品,为再担保体系内的中小担保机构提供了技术支持。

综上所述,这类担保机构提高了中小微企业融资规模,降低了企业融资成本;体现了政策意图,彰显了社会责任;引导了社会资源,优化了产业结构;树立了合规典范,促进了社会信用体系,就是政府应该支持的担保机构。

(二) 国际成熟担保体系发展经验

虽然我国担保行业发展较晚,但行业发展趋势正逐渐与发达国家成熟的担保体系趋于一致。为弥补中小企业信用缺失,德、日、美等发达国家均建立了各自的担保体系,虽然担保体系具体运作有所不同,但支持什么和反对什么都很明确,即支持服务中小微企业,解决其发展初期面临的信用较低问题,提高其竞争力的担保机构;反对从事业务与国家产业政策相违背的担保机构。因此,国际上的担保机构均是具有准财政性质的政府支持类担保机构。各国通过健全法律,建立政府、银行、担保三方风险分担,提供长效财政扶持等制度与机制,形成了一套解决中小企业融资难、融资贵的政府支持类担保机构体系。

1. 德国担保体系。在德国,中小企业担保体系是以政府的政策性资金做引导,通过市场化法则、公司法人化运作的国家信用担保体系,为中小企业融资提供专项服务。在法律地位上,根据《德国银行法》规定，担保机构属于信贷机构，明确了担保公司市场地位，故德国的担保机构称为担保银行。在资金来源上，担保银行均是政策性，国家级担保银行由德意志联邦政府出资成立；16个州政府成立了各自独立、互不竞争的州立担保银行，资本金来源为银行、保险、行业、协会、手工业工会等与中小企业发展息息相关的领域。在风险分担上，担保风险按照政府52%、贷款银行20%、担保银行28%的比例分担。在政府扶持上，德国各级政府为担保银行提供资金补偿支持，每五年规划一次。截至2012年9月末，德国担保银行的当年担保发生额约为17亿欧元，年化担保费率1.5%。据测算，德国中小企业的信用级别通过担保银行信用增进后，其在银行的融资成本得到有效降低（贷款利率平均下降2.6%）。

2. 美国担保体系。在美国，由小企业管理局（Small Business Administration，SBA）根据小企业的类型，提供三种不同的融资担保服务。在法律地位上，《联邦法典》、《1953年小企业法》、《1958年小企业投资法》和《2010年小企业就业法》为担保业务的开展，提供了法律支撑、明确了责任划分、加强了政策引导，使担保机构的运作、业务开展、政府补助均有法可依。在资金来源上和政府扶持上，SBA每年向国会申请经费和担保基金，用于支持新贷款和弥补代偿损失，2010年至2012年，累计申请了37.7亿美元。在风险分担上，根据贷款金额不同，银行承兑20%~50%的风险。目前，SBA已通过2.16亿美元的资本，支持了240.25亿美元的贷款担保项目，资本杠杆作用显著。

3. 日本担保体系。在日本，融资担保体系由两方面结合形成，即"信用保证协会"作为担保机构直接提供信用保证服务，"日本政策金融公库"作为再担保机构，为前者提供信用保险，缓释其风险。在法律地位上，分别通过《信用保证协会法》支持"信用保证协会",通过《中小企业信用保险公库法》支持"日本政策金融公库"的业务开展和市场地位。在资金来源上,日本各级政府通过财政预算的形式,为担保机构提供资本金补充,资金规模与当地中小微企业的需求挂钩,从2010财年的余额来看,地方政府出资额占比为76%。在风险分担上,担保机构与提供融资的金融机构,按照8:2的比例共同承担风险。在政府扶持上,担保机构代偿的最终损失,由再担保机构提供70%的保险赔付,由政府财政拨款提供剩下30%的代偿补偿。

二、当前存在的主要问题

由于我国正处于计划经济向市场经济过渡的特殊阶段,担保体系发展还不够完善,存在以下主要问题。一是法律层面对担保行业的性质地位界定不清,发展方向指向不明,业务活动保护不够。二是政府支持、机构合作、监管体系等关系未理顺,有的担保机构一面拿着国家的各种补贴,一面为污染企业、产能过剩企业、高耗能企业提供担保服务,获取暴利。三是担保机构体系和业务体系尚不完善,中小微企业融资难、融资贵现象依旧突出。

三、发展政府支持类担保机构体系的相关建议

鉴于政府支持类担保机构在促进中小微企业融资中发挥的重要作用和现行担保体系存在的主要问题,结合发达国家先进经验,通过发展政府支持类担保机构体系,落实国务院《关于多措并举着力缓解企业融资成本高问题的指导意见》文件精神,进一步支持中小微型企业发展,提出如下建议。

1. 明确政府支持的担保机构范畴,并加大支持力度。根据担保机构承担的社会责任,结合国际担保行业发展先行经验和国内担保

行业发展趋势，政府应划定支持的担保机构范畴，并在各种优惠政策、指导意见中予以明确。即要旗帜鲜明地支持落实国家发展战略，真正解决中小微企业融资难、融资贵，建设区域经济和行业发展的政府支持类担保机构；反对违规经营，骗取补贴，帮助产能过剩企业、污染企业、高耗能企业融资的担保公司。对符合政府支持类型的担保机构，从以下四方面给予支持。

一是建立资本金补充机制，财政资金是政府支持类担保机构资本金的主要渠道，根据业务发展需要，即融资性担保放大倍数接近监管上限时，政府应在财政预算中列支增拨资金，为政府支持类担保机构提供资本金补充。二是建立风险或损失补偿机制，政府支持类担保机构的非营利或微利性质，决定了其面对终端风险时难以有效抵御。政府的风险或损失补偿，等于为政府支持类担保机构的业务风险提供了反担保，能有效避免代偿发生后，在市场上出现的不合理预期，促进政府支持类担保机构健康发展。三是对政府支持类担保机构，增加社会责任考核，减少经济效益考核，并规定担保资金不能用于投机性用途，将盈利部分继续投入担保业务，以增强政府支持类担保机构的可持续发展能力。四是由政府牵头，建立政府、银行、担保三方风险分担机制，因担保机构与银行合作天生处于乙方，需加强政府协调力度，才能有效引导银行与政府支持类担保机构建立符合市场公平交易规则、原则的风险分担机制，推动银行严格落实贷前调查、贷中审查、贷后检查责任，承诺合理风险，共同维护社会信用环境，促进中小微型企业发展。同时，对主要为产能过剩、高污染、高能耗企业融资提供担保的机构，取消其享受各项扶持政策的资格。

2. 健全担保行业的法律制度和监管体系，理顺各种关系。一是尽快出台《政府支持类担保公司法》，从法律层面对担保机构定位、业务性质、机构设立、组织结构、服务对象保护、财务会计、监督管理、破产退出及相关主体的权利与义务等内容加以明确。为担保机构的业务开展、日常运作提供更好法律保护和支持，避免在抵质押物登记、司法处置等领域出现不公平待遇。二是健全监管体系，引入风险权重理念，按照违约损失率确认各类社会融资担保业务的责任余额，促进不同种类的业务科学发展；加强监管制度的顶层设计，避免地方保护主义，使政府支持类担保机构在跨区域落实国家战略时，享受平等待遇。三是加快建立再担保相关制度，为建设全国再担保体系提供制度支撑。

3. 发展多层次的政府支持类担保机构体系和担保业务体系。在政府支持类担保机构体系中，以国家级和省级政府支持类担保机构为顶层，以地市级、区县级政府支持类担保机构为基层。顶层政府支持类担保机构依托较强的担保实力和股东背景，撬动社会资金，通过债券、票据市场、银行信贷、信贷借款等全面社会融资担保，服务国家级发展战略，如三峡库区、西部大开发、长江经济带、丝绸之路经济带、振兴东北老工业基地等；服务省、直辖市、自治区政府重点工程，如上海自贸区、成渝经济圈、西咸新区、面向西南开放桥头堡等重点区域性建设项目；服务无收益的公益性建设项目，如环境治理、扶贫计划、九类人群增收就业工程等。基层政府支持类担保机构发挥地熟、人熟、情况熟的基层优势，以银行信贷担保为主，服务各自辖区内的中小微型企业融资，促进产业发展，增加社会就业。

建立全国性再担保业务体系，作为政府支持类担保机构体系的延伸。一是成立国家级政府支持类担保机构承担全国性的再担保职能，引导中央财政资金，支持各省、自治区、直辖市的再担保公司；协调各省级政府支持类担保公司为跨区域的国家级发展战略重点项目、领域提供担保支持。二是由省级政府支持类担保机构承担各省、自治区、直辖市内的再担保职能，通过增信、风险服务，间接服务中小微企业融资；按照市场化手段，建立再担保体系准入机制，规范担保机构经营行为，防止业务异化，促进行业良性发展。三是由地市级、区县级政府支持类担保机构直接服务中小微企业，通过加入再担保体系，增加担保能力，提高担保放大倍数，缓释业务风险，降低收费标准，进一步实现国家发展中小微企业的政策目标。

4. 加强行业自律，清理害群之马。中国融资担保业协会的成立是我国担保行业发展历程上的里程碑，通过行业协会，加强行业自律，能有效促进融资担保体系建设，完善社会信用体系。因此，协会应从两方面对协会成员进行自律引导和管理。一是加强协会成员资格管理，对失信、违规经营、业务不符合国家政策方向的成员进行清退，从发展方向上与国家政策保持高度一致。二是加大业务、风险、管理等方面的培训力度，协会成员已包含了各省、直辖市、自治区的龙头政府支持类担保机构，这些担保机构均是当地的行业标杆，协会应定期组织会员交流培训，邀请龙头政府支持类担保机构传授业务和管理经验，提供产品和风控指导，提高行业整体服务能力和水平。

5. 建立多资金渠道业务，引导低成本社会资金支持中小微企业发展。扩大社会融资和直接融资，是国家金融改革发展方向，担保机构要拓展多资金渠道，为解决中小微企业融资难提供有效补充。一是通过资本市场为中小微企业寻找资金来源，如瀚华金控上市，为国内中小微企业发展，引入了资本市场资金。二是推动互联网技术与传统担保技术融合，大力发展O2O融资担保模式，在常规融资渠道不足的情况下，打开中小微企业融资方和社会投资方之间"面对面"的快速便捷通道，缩短融资时间，降低融资成本。三是继续加强相对成熟的债券、票据、信托、融资租赁、委托贷款等资金渠道运用，成为银行贷款资金外的有效补充。

融资担保模式的比较及
混合所有制担保模式的可行性研究

广东中盈盛达融资担保投资股份有限公司

李智敏　沈冬冬

摘要：如今，市场经济与科学技术迅猛发展，融资难问题已经成为制约我国众多中小企业发展的最大难题。担保无疑是解决这一难题的良药之一，因此创建适合我国国情的新型融资担保模式是众多学者和从业人员所研究的方向和目标。本文在简单介绍融资担保的基本理论之余，也将探讨传统担保模式优缺点，同时引入创新混合所有制担保模式，并应用蒙特卡洛模拟法对其可行性进行研究分析。

关键词：融资担保模式　混合所有制　蒙特卡洛模拟　可行性分析

一、引言：背景介绍

时代的进步，经济和科技的飞速发展创造了当下巨大的社会财富，毋庸置疑的是少数大型国有企业和跨国公司用他们的顶尖技术和专业管理水平为此立下了汗马功劳；当然，正如马克思所言，历史的前进除了少数英雄在其中发挥了领袖作用外，根本的原因在于最广大人民群众的力量。同理，除了大型企业外，成千上万的中小企业同样为经济发展付出了汗水，他们所创造的经济总量不断增加，在国民经济所占的比重逐渐升高。根据工业和信息化部中小企业发展促进中心以及国家发改委的统计调查，我国中小企业的数量已经占到了企业总数的99%以上，对国民经济的贡献率更是达到了60%以上，提供了80%的就业岗位，极大地提高了就业率，为社会的稳定提供了保障。然而如此庞大的群体却只享有10%左右的贷款资源，很显然，融资难问题已经成为制约中小企业发展的一个重大因素。

就目前现有的融资方式来说，中小企业的主要融资方式有股权融资方式和债券融资方式两种，其中前者包括公开市场股票融资和私募股权融资，后者包括公开市场债券融资、银行贷款和民间借贷。我们知道股票融资和债券融资门槛普遍较高，审批程序复杂，只适用于少部分中小企业；而私募股权融资方式主要针对高成长性前景较好的公司；民间借贷往往伴随着"高利贷"，很容易造成破产风险，让中小企业望而生畏。因此在现阶段，中小企业主要是通过间接融资获得资金，即大部分通过银行贷款来获得。但银行的授信难免会存在自己的偏好，它们更愿意向大型企业提供贷款，这也很容易让人理解，毕竟银行不是慈善机构，也希望自己的利益最大化。据央行统计，我国现阶段大中小企业贷款不良率分别是：1.1%、2.8%以及6.0%，所以银行偏向于风险更小的大型企业也是情有可原的。[①] 要想获得所需的资金，中小企业往往要提供相应的抵押品，但对于很多"重技术轻资产"的科技型公司来说，是无法提供银行所需的抵押资产。由此，当中小企业抵押品不足时，担保机构就作为第三方进入了企业融资链，它们利用自身的信用、规

---

① 数据来源：你我贷官网：www.niwodai.com，《中小企业信贷融资的基本特点和我国的现状》。

模和专业风险管理为中小企业提供融资担保。

二、融资担保的理论基础

担保是市场经济发展的必然产物，融资担保是指债务人为了获得债权人的信任，以第三方的资金对该项债务的按期偿还提供保证。一般意义上，此处的债务人为中小企业，债权人为银行，而第三方即担保机构。根据信息经济学的理论，信息是不完全和不对称的，俗话说，隔行如隔山，这座山指的就是信息不对称。卖家比买家拥有更多关于交易商品的信息，交易关系也因为信息不对称变成了委托—代理关系。在交易中有代理人和委托人两个概念，前者是指拥有信息优势的一方，而后者自然就是不具优势的一方，二者为了各自利益在交易之时就会进行信息博弈，易滋生道德风险。由此美国经济学家约瑟夫·斯蒂格利茨、乔治·阿克尔以及迈克尔·斯彭斯提出了博弈理论和信息不对称理论。天上不会掉下馅饼，在现实经济生活中，收集信息是需要支付成本的，而且往往不便宜；对于一些复杂交易与合作行为的信用问题，如果只是依靠交易双方维持那么所要付出的信用代价无疑更是昂贵，所以这时候就需要依靠第三方。解决信用问题的关键是：降低交易双边的信息不对称。而引入第三方，就是解决这个问题的有效方法之一。担保机构作为银行与企业之间债权债务顺利实现的第三方，是一种特殊的信用服务中介机构。从本质上看，担保机构可以分散金融机构的融资风险，节约交易成本和信息成本，增强中小企业的融资能力。图1能够很直观地阐明三者关系：

除了以上两个较重要的理论外，近年来，各国学者通过理论和实证研究也发现了金融中介与经济增长之间关系紧密，以及政府通过调配融资担保这一杠杆功能能够引导社会资源达到最优配置的状

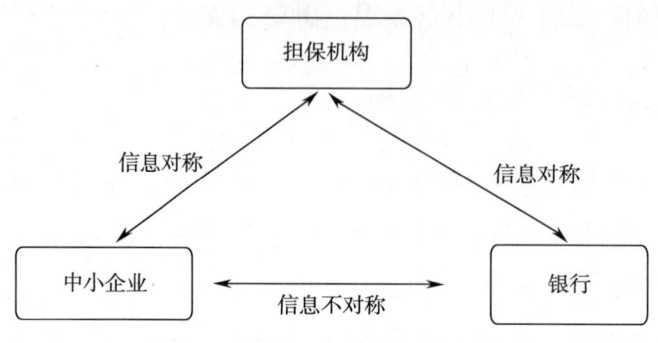

图 1　担保关系图

态,从而引入了金融中介理论和以"帕累托最优原理"为基础的市场失灵理论。此处限于篇幅不予展开,有兴趣读者可参考经济学大师萨缪尔森的《经济学原理》。

三、目前我国融资担保机构发展现状

我国中小企业融资担保业务从 1998 年开始试点,经过近二十年的发展,在市场经济发展规律的作用和国家政策的促进引导下,各级政府和民间投资者建立了很多信用担保机构,为中小企业提供融资担保服务。这些担保公司在对中小企业提供信用担保服务的同时,对担保行业的发展、对担保模式的创新、对担保理论的完善也作出了巨大的贡献。

金融世界犹如六月的天一般变幻莫测,融资担保行业作为金融中介更是充满着各种或可预见或不可预见的风险,为了维持行业的可持续发展,就要求各担保公司必须做好自身的风险控制。随着《融资性担保公司管理暂行办法》的颁布,标志着我国信用担保行业将由"监管真空"进入了"宽松的审慎监管"时代。我们可以从数量、规模和质量三个维度对担保行业的发展进行综合评价。首先我们从数量上进行分析,数据表明截止到 2013 年末我国融资性担保

法人机构共有 8 185 家,融资担保业实收资本达到 8 793 亿元,同比增长 6.2%。同时杠杆倍数显著上升。其次从担保规模的角度来说,截止到 2013 年末在保余额高达 2.57 万亿元,同比增长 23.1%,其中融资性担保在保余额占比 86.4%,同比增长 6.2%;此外,行业拨备水平持续增长,担保准备金合计 817 亿元,同比增长 16.5%,能够较好地控制代偿风险。可见无论是从担保机构的数量上还是在担保余额的规模上来看,我国的担保行业正蓬勃发展,值得一提的是,民营及外资担保机构所占比重也逐渐增大,可看出担保主体由政府主导正逐渐转变为由市场主导。很多时候数量和质量并不成正比,2013 年末担保代偿余额也高达 415 亿元,同比增长 100.4%;其中融资性担保代偿率为 413%,同比增长也高达 100.3%。① 虽然说,融资性担保机构的信用风险仍在可控范围内,但由上面数据我们也能看出,在担保行业快速发展的今天,与各项让人欣喜的数据同时上升的还有代偿率和损失率,如何维持较低的代偿率和损失率,这就要考验各担保机构对于风险的把控,建立更加完善的管理机制和风控程序。

四、我国现有的担保模式

(一) 传统的融资担保模式

按照中小企业融资担保机构的投资主体和目的来划分,目前中小企业融资担保模式主要可划分为互助性、政策性、商业性三种模式。这种划分方式的依据比较模糊,其中,互助性担保模式既有为会员企业提供商业性担保的功能,也有与政府部门合作接受政策性扶持的意愿。为便于讨论,此处将按照资源配置主体和担保的业务类型将担保模式划分为政策性担保和商业性担保两类。前者即政府

---

① 数据来源:中国融资担保业协会官网,http://42.96.184.207/。

作为资源配置的主体,为实现产业政策或其他特定目标而建立的担保模式;而后者则是企业或个人作为资源配置主体对商业性业务进行担保模式。现将二者运行机制进行详细比较,归纳于表1。

表1 两种担保模式的比较①

模式\机制	政策性	商业性
资源配置主体和目标	主体:在宏观金融资源配置中起整体调控作用的政府。 目标:以社会合理性为目标。	主体:在微观金融资源配置中起基础性主导作用的企业或个人。 目标:以经济有效性为目标。
业务宗旨	充当政府发展经济、促进就业的工具,贯彻、配合政府特定社会经济政策或意图。	按照市场法则运作,追求利润最大化。
资金来源	政府预算拨付、国有土地及资产划拨,政府信用担保基金等。	股东的自有资本和募集的股东投资。
管理人员	地方官员兼任,专业知识和风险判别能力都较低。	丰富的专业知识和从业经验,既有效又快速地识别项目风险。
与银行合作	与银行合作较多,受到银行的高度认同。	主要与股份制商业银行进行项目合作,受银行认可度较低。

哲学上说,存在即合理。长久的存在则说明社会需要它。政策性与商业性担保模式在现代市场经济中都有存在的必要性。这是因为社会资源配置要实现经济效益和社会效益两个目标,前者意为资源配置要通过市场竞争来提升效率,后者意为资源配置也要维持相对公平。效率与公平,二者是马克思主义哲学中的矛盾统一体,实现经济效益常常会与社会公平不相一致,现实生活中我们选择了效率优先,兼顾公平的政策。资源配置的合理与否,直接关系到资源的合理利用,进而对经济和社会发展产生巨大的影响,这样的矛盾同样也会存在于担保行业中。西方经济学的"市场失灵"理论是建

---

① 蒋平:《中国中小企业融资担保制度问题研究》,博士论文,2011。

立政策性担保模式的重要理论基础。市场失灵说的是价格体系的不完备性，它在某种程度上阻碍了资源的有效配置，其主要一个特征就是存在外部性。而中小企业，尤其是高科技中小企业融资担保能够极大地改善它们的资金困境，对科技、社会发展都是具有极强的正外部效应。但同时，这些高新技术公司开展的一般都是高风险项目，是市场这支"看不见的手"不愿触及的对象，此时，政策性担保机构这支"看得见的手"就要发挥作用。政策性担保的作用效果可以通过下面的需求与供给曲线关系进行形象刻画。

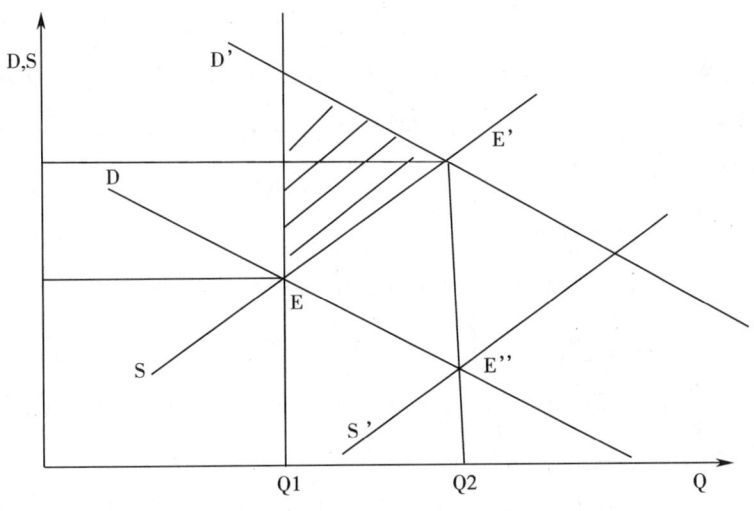

图 2　政策性担保模式效果图

其中，S 代表担保产品的市场供给曲线，D 代表中小企业的需求曲线，D' 代表社会需求曲线。在没有政府补贴时，E 点为最初的供求平衡点，需求量为 Q1；若考虑社会效益，则 E' 为新的平衡点，三角形的阴影是效率损失。当政府提供政策性担保时，担保供给增加，供给曲线为 S'，此时平衡点为 E''，担保需求量为 Q2，较 Q1 有显著的增多。

一个硬币有两面性，凡事都需要一个度，政府在扶持中小型企业时也要把握好那个度。政府的主要职责是制定相关法律法规对宏观经济环境进行监管，对于数量众多的中小企业，应从宏观方面收集数据。毕竟在微观上，政府不可能投入足够的人力和财力主导中小企业融资担保体系的发展。因此在纠正市场失灵的同时，不要违反市场经济规律。从国外经验来看，例如像美国和日本这样的政府支持力度较大的国家，政策性担保机构的贷款担保额也只占全部贷款担保额中的很小比例，一般都小于10%。而在我国，政策性担保所占的比例却超过了10%，一定程度上影响了正常的市场规律，阻碍了商业性担保体系的建立和完善，同时也会降低中小企业融资担保机构为中小企业提供融资的效率，毕竟在温室中长大的幼苗是脆弱的。此外，政策性担保模式的资金主要来源于地方政府拨款，资金规模会受到地方财政的极大影响，只能为少数中小企业提供担保，很可能导致"权利寻租"现象的发生；与此同时，政策性担保机构作为中小企业和银行的金融中介，承担了全部的风险，政府官员一般不是专业的担保人才，若没有较好的风险把控能力，很容易造成地方政府的财政负担，还会导致中小企业生产管理积极性下降，引发道德风险。

　　至于商业性担保模式存在的必要性原因，则主要有以下两点。第一，中小企业融资担保并属于纯粹公共物品，所谓公共物品是指那些市场无法提供的、整个社会共同享用的物品。中小企业担保即使由政府提供，还是市场化运作，向符合条件的中小企业收取较低的担保费率，不存在免费担保，因此融资担保显然不符合公共物品的特征，所以不一定非得政府提供，正常运作的市场一样可以完成。第二，改革开放以来，我国经济的腾飞给中小企业带来了巨大的融资需求，如果单纯依赖政策性担保显然是远远满足不了众多有活力的中小企业的融资需求的。而商业性担保机构在迅速扩大的担保市场中发现商机，分享经济高速发展的成果。

尽管商业性担保机构的公司治理结构相对完善，具有专业的担保和风险管理人才，但风险补偿机制不足，银行认可度较低，业务难以扩大。并且商业性担保机构是以盈利为目的，利润来源单一，主要来自中小企业的担保费用，因此他们会收取较高的担保费率，这很容易超出低风险小企业的承受范围，加上信息不对称的原因，也会出现担保市场的逆向选择和道德风险，不利于商业性担保机构的可持续发展。近年来，浙江、四川、广东等地都是融资担保机构的"重灾区"，有不少融资担保机构纷纷破产倒闭，很大缘故就是因为上述原因造成的。

需求往往是创新的第一要素，为了解决上述传统担保模式融资难的问题，在民间资本较为活跃的浙江省出现了两种创新的担保运营模式，它们的名字分别是"桥隧模式"与"路衢模式"。金融界的天才们凭借着不灭的智商应用它们构造了资本市场与债券市场之间的"桥梁"与"道路"，在一段时期内也取得了成功。然而，凡事都要因地制宜，正如淮南的柑橘到了淮北只能结又小又苦的枳一样，上述两种模式在操作上的复杂性以及只有在经济相当活跃的省份才能适用的特殊性，因此它们在复制和推广上具有较大的难度和限制。

(二) 混合所有制担保模式

混合所有制经济是我国现阶段基本经济制度的重要实现形式之一，它同股份制一样，都属于中性的概念，并未表明某一社会所有制结构或某一企业经济制度的基本属性。

在当下混合所有制经济火热的中国，在金融、石油、电力、铁路、资源开发等众多领域都能得到很好的应用。首先在建材行业应用混合所有制的是中国建材集团，他们在探索这种企业模式时始终坚持一个公式：央企的实力＋民企的活力＝企业的竞争力，他们的目标就是将央企和民企的资本、资源和文化进行深度融合，使之产生化学反应。这种模式使得中国建材集团迅速成为营业收入超过2 000亿元、利润过百亿元的世界500强企业①。

他山之石，可以攻玉，既然混合所有制模式在建材行业能取得极大的成功，那么将它应用在融资担保行业中是否也能取得成功呢？这正是本文所要研究的问题。

混合所有制，顾名思义它的股东是来自多方面的，既有政府方面的资金注入同时也有民营资本的参与。这种混合所有制模式在经营方式上融合了政策性和商业性两类担保模式的有点，将银行对政府的认可度与担保机构的专业风险管理水平进行有机结合。同时，也能弥补担保机构在业务和规模扩张过程中耗用过多资本这一缺陷。此外，由于股东的多元化，同时拥有政府的实力和民企的活力，对多个领域都会有所接触，在运营效率和业务开展时能够达到"1＋1＞2"的协同效应，这种协同效应包含内部和外部两个层面：首先在内部协同上，能整合"混合"的各方资源，形成产业服务链。以广东中盈盛达融资担保有限公司为例，该企业针对中小微企业客户不同阶段、不同时点的资金需求，整合融资担保、非融资担保、小额贷款、小额助贷、典当、创投、基金管理、咨询服务等为一体的产业服务链，不断研发出新的融资产品，从而满足中小微企业个性化融资服务需求。其次在外部协同上，则能够充分利用多种金融工具，与银行、信托、再担保等金融机构相互协作，共享业务，整合资源，从而产生比作为一个单独运作的企业更高的盈利能力。此种模式除了融合政策性和商业性担保模式的优势外，在运作

---

① 《中国企业报》作者：宋志平，中国建筑材料集团有限公司董事长、中国医药集团总公司董事长。

机制上能发挥企业多年运营形成行之有效的业务管理体系优势，通过人才、管理经验、业务资源等成熟因素的输出，可实现模板化对接银行和客户资源，相比桥隧模式和路衢模式，它具有便于复制和推广的特点。目前运用这种模式发展得较为成熟的是广东中盈盛达融资担保有限公司，该公司经过十多年的探索和实践后，不仅获得了稳健发展，近年来逐步开始把这种模式在珠三角地区和长三角地区复制推广。

当然，混合所有制担保模式作为新型的担保模式，在市场上还没有让广大投资者所熟悉了解，因此，对该种模式的收益率进行测算，对其做可行性研究是很有必要的。下面本文将用具体的数学模型进行情景模拟分析。

五、模型测算：混合所有制担保模式的可行性分析

混合所有制担保模式虽然在股权结构上国有资本作为大股东，有绝对的控股权，但在经营模式和运行机制上则更偏向于商业性担保模式，毕竟负责经营管理的专业担保公司不仅要为风投民企负责，更要为政府负责，保护好国家资产。因此在一定意义上，混合所有制担保模式也是要以盈利为目的的，只是较纯商业性担保机构，前者会收取合理的担保费率，同时容易获得银行的认同从而得到更高的杠杆，有能力也有勇气扶持有潜力的处于成长期的中小企业。因此下文在做混合型担保模式可行性测算时，将会模拟商业性担保模式的情形，借此比较。

（一）评价标准

著名学者巴劲松曾对担保机构的发展提出了两个评价维度：第一是担保机构为当地的中小企业提供了多少服务，为中小企业获得银行贷款提供了多少担保；第二就是担保机构自身的可持续性。毕

竟持久顽强的生命力是企业做大做强的充分必要条件。据此我们能给出一个较好的评判标准：资本收益率，即指企业净利润与平均资本的比率，用于反映企业运用资本获得收益的能力，也是对企业经济效益的一项重要评价指标。但需要注意的是，商业性融资担保要考虑成本问题。世上没有免费的午餐，获取信息是需要付出代价的，商业性担保机构在获取企业信息时往往会比较昂贵。商业性担保机构在获取企业信息方面具备专业优势，但不具备成本优势。若成本过高，则显然会影响到利润和可持续发展；若过低则难以获得有效信息，而信息有偏差情况下就易造成较大代偿风险。当然，混合型担保机构在企业信息获取方面也要付出相应的成本，只是与前者相比代价略低。由此，我们引入另外一个更加客观的评价标准——经济增加值（Economic Value Added，EVA）。它是基于剩余收益思想发展起来的新型价值模型，最基本的计算公式是：EVA = 税后营业净利润 – 资本成本，可演变成其他形式。

（二）模型建立

无论是商业性担保机构抑或是混合型，作为市场经济的参与者，它的基本门槛条件就是资本收益率要高于某个已知的风险更小的资本的机会成本，如银行的贷款基准利率，只有这样它才有投资价值。

1. 模型的构建。为不受其他业务收入的影响，这里我们不妨假设融资担保机构的收入只来源于融资担保费收入（包含调查费、评审费和保后监管费等），我们在模型中引入以下八个变量：

（1）α：担保费率；（2）β：杠杆放大倍数；（3）θ：代偿率；（4）γ：代偿回收率；（5）t：税收；（6）x：在项目中投入的平均资本；（7）y：资本收益率；（8）ρ：资本的机会成本。

由此便可求出资本收益率的数学表达式：

$$y = \frac{x\beta\alpha - t - x\beta\theta + x\beta\theta\gamma}{x} = \frac{x\beta\alpha - x\beta\theta(1-\gamma) - t}{x}$$

继而我们可以得到经济增加值的数学表达式：
$$EVA = y - \rho$$

上述提到过，资本收益率越高，即 y 越大，则表明融资担保的投资效率也就越高；同样的，若 EVA 越大，也表明股东的收益更大，公司的业务也能更加持久地进行。

2. 模拟与分析。在进行模拟试验分析前，这里需要引入两种方法，灵敏度分析方法和蒙特卡洛模拟法。灵敏度分析法比较简单，它是研究分析模型的状态或输出发生变化时模型参数或周围条件变化的敏感程度的方法，它可以决定哪些参数对模型会有较大的影响。而所谓蒙特卡洛模拟法（Monte Carlo Simulation Method），又称统计模拟法或随机抽样技术，是一种随机模拟方法，它的主要思想是把问题同合适的概率模型相联系，再用计算机进行抽样模拟，继而获得问题的近似解。它是基于概率论和数理统计知识的一种计算方法，使用随机数或更常见的伪随机数来解决复杂问题。特别是在经济学、社会学、物理学等高维度学科领域，蒙特卡洛方法已经得到广泛的应用。蒙特卡洛方法最初是在著名的"布丰投针试验"中得到使用，但系统的理论是在20世纪40年代由"曼哈顿计划"成员 S. M. 乌拉姆和冯·诺伊曼在第二次世界大战中为研制原子弹而首先提出。

蒙特卡洛方法的基本思想是：对于所要求解的目标对象，若它是某种随机事件出现的概率或是某个随机变量的期望值时，我们可以通过某种"实验"和统计结合的方法，将这种事件出现的频率估计为它的概率，或者得到随机变量的某些数字特征，将其作为问题的解。在本文模型中，我们把代偿率 θ 看做随机变量，服从某种分布，我们要求的是另一个变量资本收益率 y（与 θ 相关）的期望值。模型拟采取对不同的情景，即不同的参数情况下对担保模式的效率进行灵敏度分析,即根据确定的参数范围,计算参数区间的两个端点和某些中间点状态下的资本收益率,继而比较各种参数状态下的资本收益率差距。由上述表达式可知,模型中的参数共有 5 个,分别是担保费率 α,放大倍数 β,代偿率 θ 以及代偿回收率 γ。下面我们要设定各种参数的波动范围,然后取参数的最大值、最小值和部分中间值,显然这是非连续状态下的模拟情景。根据网上可查询的数据和项目调研得到的数据,可估计参数取值范围如下:

(1) t:目前国家正大力扶持中小企业的发展,对融资担保机构均有一定的补贴,因此享受一定的税收优惠政策,故可忽略营业税以及较少的堤围,只考虑 25% 的所得税。

(2) α:根据相关规定,担保费率一般不超过一年期银行贷款利率的一半水准,当下的一年期银行贷款基准利率约为 5.75%,上浮 30% 的情况下达到 7.47%,若加上评审费和保后监管等费用,因此可把担保费率 α 设定在 [2.5%,3.5%] 这一区间内,实际情况会略高一些。

(3) β:同样根据相关政策规定,国内的担保放大倍数不能超过资本的十倍,普通商业性担保机构的杠杆可以做到 5 到 7 倍左右,而混合型担保机构较之略高一些,可以做到 6 至 8 倍左右的杠杆,因此可取 β 的值为 {6,7,8}。

(4) θ:代偿损失是担保机构最害怕同时也是成本最高的风险,因此代偿率是担保机构最需重视的参数。一般来说,当一家担保公司的代偿率超过 2% 时,那么它的利润基本为零,因此严格控制较低的代偿率是担保机构可持续发展的必要条件。根据中国担保协会公布的数据,平均代偿率为 1%,故它的区间可以设定为 [0.5%,2%];至于标准差方面,根据历史数据和规律,一般来说代偿率均值越小,那么它的标准差也会越小,上下限可以分别设为 0.25% 和

1%。由于在日常经济生活中,大多数变量往往服从正态分布,这里我们不妨假设代偿率服从正态分布,因此我们可以假设 θ 的变动范围是确定在 [(0.5%, 0.25%); (2%, 1%)] 的正态分布。

(5) γ:代偿回收率是指担保机构在为中小企业代偿后向对方追回代偿额且利息的比率。根据数据显示,在经济运行良好的宏观条件下,代偿回收率的区间往往能在 [60%, 70%] 区间内。

(6) ρ:资本的机会成本,此处将它设置为6%,约等于银行一年期的贷款基准利率。

在上述参数中,除了放大倍数 β 取三种情况外,其余参数均设置两种情况,故共有24(2×2×3×2)种情景状态。由于各家担保企业的经营规模、管理水平以及风险控制的不同,对于每种状态所得出的资本收益率的不唯一性,所以担保机构的资本收益率应当是服从某种分布。在现实经济生活中,担保机构的担保费率以及放大倍数等参数会基本一致,而代偿率会满足某种分布。而在现实生活中最常见的分布为正态分布,所以我们假设代偿率服从正态分布,下面我们对每种状态进行一千次模拟,即进行一千次随机数抽取,求出样本均值和样本标准差,从而得到在这一状态下担保机构的资本收益率情况。此时的期望值(均值)反映了担保行业在该状态下的普遍盈利水平,而标准差则反映了不同担保公司之间的差异,在经济学中也常被理解为风险。另外,为了进一步明确最低的收益率水平,模型会进一步计算出1%置信水平下的在险价值(Value at Risk,VaR),以便我们知道有多大的概率(模型中设定为99%)在未来一段时间内资本收益率期望值会大于VaR值。

3. 蒙特卡洛模拟步骤。模拟试验的具体操作流程如下:

(1) 确定影响资本收益率的各变量,根据上述资本收益率公式,可将之化简为:$y = 0.75[\alpha - \theta(1-\gamma)]$,可以看到,影响因素主要有代偿率、杠杆放大倍数、担保费率以及代偿回收率。

（2）确定各变量的概率分布，在上述参数确定中我们已经说过采用的是离散型状态模拟，除了代偿率外其他变量均选取固定的几个数值。至于代偿率，根据概率统计学和日常生活中最常见的正态分布，因此我们假设代偿率服从正态分布。利用 R 统计软件产生代偿率的正态分布一千次模拟，调用其中的 rnorm 函数随机抽取正态分布随机数；为更好地模拟市场随机情况，此处不设置随机种子。

（3）根据（1）中资本收益率公式，代入相应参数值，计算出资本收益率。

（4）蒙特卡洛模拟是基于大规模数据的分析，它的一个主要作用就是剔除个别异常数据的影响。本文首先对每种状态进行 1 000 次模拟，然后将资本收益率从小到大分成若干等分区间，最后统计出落入每一区间的频率，从而就可以作出资本收益率的分布直方图和概率分布图作直观的分析。求出资本收益率的几个重要描述性统计量（包括均值、标准差、最大值、最小值等），在排序后的资本收益率中找到下方1%的分位数，即可确定1%置信水平下的VaR值。

（5）替换参数，重复上述四个步骤；将各种状态下的资本收益率属性汇总列表进行分析。

（三）绘相关图形与表格

本次试验模拟了中小企业担保机构在24种不同参数情况下的资本收益率情况。通过 R 统计软件可模拟出不同情景下的资本收益率、标准差、极值以及1%置信度下的VaR值。当然，有时为了便于计算在险价值，也可假设资本收益率近似满足正态分布，利用反函数求出1%的分位点数值。不过此处为了不做过多假设，我们不采取上述方法，二是直接基于模拟的情况对 y 按照从小到大的顺序排列，找到下方的1%分位数，可以证明，两者得到的结果是相似的。具体情况归纳为表2。

表2　　　　　　　　不同参数情形下的资本收益率情况①

情景编号	参数取值情况					资本收益率（y）			VaR（在险价值）
	担保费率α（%）	放大倍数β	代偿回收率γ（%）	代偿率θ（%）	所得税税率	mean（均值）	sd（标准差）%	Interval（取值区间）	1%的置信度
1	2.5	6	60	(0.5, 0.25)	0.25	0.103	0.426	(0.088, 0.116)	0.093
2	2.5	6	60	(2.0, 1.0)	0.25	0.077	1.803	(0.013, 0.125)	0.035
3	2.5	6	70	(0.5, 0.25)	0.25	0.106	0.325	(0.094, 0.116)	0.098
4	2.5	6	70	(2.0, 1.0)	0.25	0.085	1.355	(0.042, 0.130)	0.054
5	2.5	7	60	(0.5, 0.25)	0.25	0.121	0.523	(0.104, 0.138)	0.109
6	2.5	7	60	(2.0, 1.0)	0.25	0.089	2.059	(0.012, 0.160)	0.041
7	2.5	7	70	(0.5, 0.25)	0.25	0.124	0.391	(0.111, 0.134)	0.115
8	2.5	7	70	(2.0, 1.0)	0.25	0.099	1.563	(0.046, 0.143)	0.063
9	2.5	8	60	(0.5, 0.25)	0.25	0.138	0.591	(0.116, 0.154)	0.124
10	2.5	8	60	(2.0, 1.0)	0.25	0.102	2.439	(0.027, 0.177)	0.045
11	2.5	8	70	(0.5, 0.25)	0.25	0.141	0.455	(0.128, 0.157)	0.131
12	2.5	8	70	(2.0, 1.0)	0.25	0.114	1.781	(0.055, 0.170)	0.073
13	3.5	6	60	(0.5, 0.25)	0.25	0.148	0.454	(0.133, 0.164)	0.138
14	3.5	6	60	(2.0, 1.0)	0.25	0.121	1.817	(0.066, 0.182)	0.079
15	3.5	6	70	(0.5, 0.25)	0.25	0.151	0.325	(0.141, 0.161)	0.143
16	3.5	6	70	(2.0, 1.0)	0.25	0.131	1.319	(0.080, 0.172)	0.101
17	3.5	7	60	(0.5, 0.25)	0.25	0.173	0.538	(0.155, 0.190)	0.161
18	3.5	7	60	(2.0, 1.0)	0.25	0.142	2.179	(0.063, 0.207)	0.091
19	3.5	7	70	(0.5, 0.25)	0.25	0.176	0.388	(0.164, 0.188)	0.167
20	3.5	7	70	(2.0, 1.0)	0.25	0.152	1.574	(0.104, 0.208)	0.115
21	3.5	8	60	(0.5, 0.25)	0.25	0.198	0.602	(0.182, 0.217)	0.184
22	3.5	8	60	(2.0, 1.0)	0.25	0.162	2.334	(0.092, 0.231)	0.108
23	3.5	8	70	(0.5, 0.25)	0.25	0.201	0.452	(0.187, 0.215)	0.190
24	3.5	8	70	(2.0, 1.0)	0.25	0.173	1.790	(0.120, 0.233)	0.131

① 董裕平：《中小企业融资担保发展现状及对策研究》，载《金融研究》，2009（5）。

为了更直观全面地分析资本收益率情况，我们不妨选取两组较符合现阶段混合担保模式参数的情景编号作出它的资本收益率分布直方图和累积概率分布曲线图。这里选取的第 8 组和第 15 组两种参数情形，图形如下：

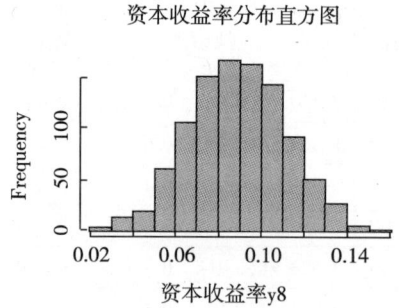
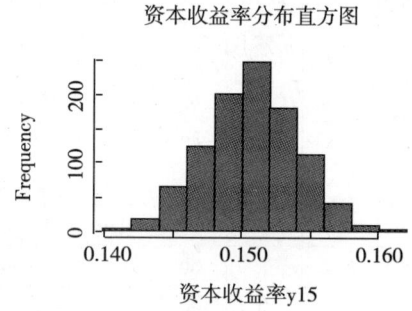
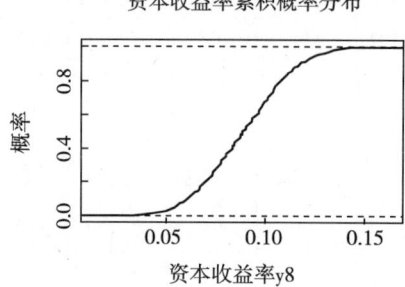
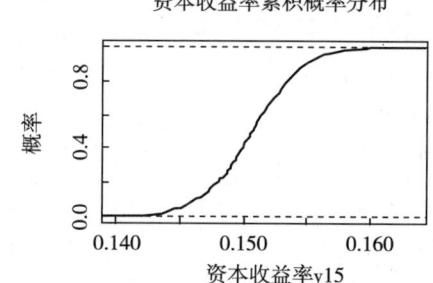

图 3　资本收益率分布图

图 3 中第一列图形为第八组参数的分布直方图与累积概率图，第二列图形则为第 15 组参数的分布直方图与累积概率图。

（四）结论与分析

1. 从两组图形对比中我们可以看出，对于不同的参数情景所得到的资本收益率分布图也有异同。首先可以看出，它们的分布直方图都能够与正态分布曲线拟合，但由于两者的参数不同，可以理解为由于宏观经济的差异导致担保费率、代偿率等参数的差异，导致它们之间的期望值也有较大的不同。前者主要集中分布于6%至12%之间，后者主要集中分布于14.5%至15.5%之间，相比前者分布更加集中，期望值更大，这和它的标准差较小，也就是风险较小，总体经济状况较好有关。

2. 根据累积概率分布图，可明显看出第一种情况下的资本收益率在5%~15%增加较快，而第二种情况在14.5%~16%增长较快。通过比较，可以看到后者斜率更大，速度更快。也客观说明，把控好风险，结合良好的经济环境情况下，混合所有制担保模式的资本收益率情景是相当乐观的。

3. 从表2中可以看出，担保费率、杠杆倍数、代偿率以及代偿追回率对融资担保业务的资本收益率有不同程度的影响。且从资本收益率的均值和取值区间这两列也可以看出，模拟试验中的资本收益率普遍较高，大部分超过了10%，有个别情景甚至达到了20%之高，这一般发生在风险把控较好、杠杆倍数为8倍、代偿回收率也较高、整体宏观经济良好（参数上表现为代偿率均值较低、标准差较小）的情况下。并且均值越大，标准差越小，也就是波动会越小，风险也就越小。

4. 再从最后一列的VaR值分析，它表明在未来一段时间内有99%的概率和把握资本收益率会大于表中的那个值（也就是我们所称的VaR值）。因此即使使用经济增加值（EVA）来作为评价标准，结论也是相当乐观的。上文我们假设机会成本为6%，相当于银行贷款利率，那么除了在第2、4、6、10四种情况下，其他情况VaR值均大于6%，基本都是满足投资门槛。当然，就整个担保市场而言，现实经济生活中往往达不到上述模拟试验中那么高的资本收益率和那么低的标准差水平，究其原因主要在于，我们在模型变量的初始设定中将担保费率设定得略高于平均水平，且把杠杆放大水平和代偿回收率也设定得较高，很多规模较小的担保机构往往达不到那样的水平。但对于规模较大、风险控制较好、有政府扶持，以及部分民营企业参股的混合型担保机构来说，模型中的参数是可以达到相关设定水平的。因此，可以肯定的是，混合型担保机构在理论上是可行的。它是否能够成功运营，成为新型的融资担保模式并在全国范围内得到复制和推广，就有待时间和市场经济的检验。

附：R 代码（部分）

```
a1 = 0.025
b1 = 7
r1 = 0.6
v1 = rnorm(1000, 0.02, 0.01)
y1 = 0.75 * b1 * (a1 - v1 * (1 - r1))
mean(y1)
sd(y1)
range(y1)
quantile(y1, 0.01)
a2 = 0.035
b2 = 6
r2 = 0.7
v2 = rnorm(1000, 0.005, 0.0025)
y2 = 0.75 * b2 * (a2 - v2 * (1 - r2))
mean(y2)
sd(y2)
range(y2)
quantile(y2, 0.01)
par(mfcol = c(2, 2))
hist(y1, breaks = "Sturges", freq = TRUE, include.lowest = TRUE, right = TRUE,
     col = "light blue", main = "资本收益率分布直方图",
xlab = "资本收益率 y8")
plot(ecdf(y1), col = "light blue", main = "资本收益率累积概率
```

分布", xlab = "资本收益率 y8",

ylab = "概率")

hist(y2, breaks = "Sturges", freq = TRUE, include.lowest = TRUE, right = TRUE,

col = "red", main = "资本收益率分布直方图", xlab = "资本收益率 y15")

plot(ecdf(y2), col = "red", main = "资本收益率累积概率分布", xlab = "资本收益率 y15",

ylab = "概率")

参考文献

［1］ Paul A. Samuelson, William D. Nordhaus：《Economics》，北京，人民邮电出版社，2009。

［2］ John C. Hull：《Risk Management and Financial Institutions》，北京，机械工业出版社，2010。

［3］ 广东省信用担保协会：《广东信用担保年鉴》，2011。

［4］ 广东省信用担保协会专家委员会，全国担保机构负责人联席会议模式创新组：《担保行业发展模式及行业标准研究》，2009。

［5］ 刘文强，张玉玲，杨光：《新型产权质押贷款证券化》，载《中国金融》，2014（6）。

［6］ 蒋加宁，张建宪：《对融资担保行业可持续发展路径的探讨与思考》，载《中国担保》，2014（2）。

［7］ 孙培宽：《中小企业融资担保发展现状及对策研究》，载《山东工商学院学报》，2010，24（1）。

［8］ 董裕平：《小企业融资担保服务的商业发展模式研究》，载《金融研究》，2009（5）。

［9］ 刘丹：《我国中小企业融资担保模式效率比较研究》，硕士论文，2013。

［10］ 杨盈：《创新型中小企业融资担保模式分析及建议》，硕士论文，2013。

［11］ 杨玉军：《基于风险定价的担保公司经营模式研究》，硕士论文，2012。

［12］ 蒋平：《中国中小企业融资担保制度问题研究》，博士论文，2011。

［13］ 关宏超：《中小企业融资担保的创新与发展——桥隧模式

的提出》，载《消费导刊》，2007。

［14］王东话：《中小企业融资"另辟蹊径"——从"桥隧模式"到"路衢模式"》，载《经济与管理》，2009，23（11）。

［15］马章良：《"路衢模式"——解决中小企业融资难问题新途径》，载《企业战略》，2010（8）。

［16］金雪军，陈杭生：《从桥隧模式到路衢模式——解决中小企业融资难问题的新探索》，杭州，浙江大学出版社，2009。

［17］中国融资担保协会官网：《2013年行业报告》，2013。

［18］宋志平：《国家大力倡导混合所有制企业》，载《中国企业报》。

［19］郭飞：《发展混合所有制经济与国有企业改革》，载《光明日报》，2014-04-02。

［20］《关于混合所有制的若干思考》，载《国企杂志》。

［21］朱学超：《应用蒙特卡洛模拟评估中小企业信用担保基金》，中文核心期刊要目总览。

［22］舒静，李少睿：《基于蒙特卡洛法的存货质押融资VaR评估与应用研究》。

打造有竞争力的集合信托产品

——浅谈首都农业专业合作社金融创新

北京市农业融资担保有限公司　仇　岩

近几年，农民专业合作社逐渐成为都市型现代农业发展的重要组织载体和推进农业经营方式转变的重要渠道。经过多年的实践证明，合作社能够有效带动农户致富，能够利于农业整体的规模化发展，能够实现上下游产业链的市场化运营。近年来，国家对于合作社的扶持力度越来越大，特别是如何切实解决合作社融资难的问题成了当务之急，北京市农业担保公司作为首都国有政策性担保公司，以政策性担保为杠杆，以金融产品为依托，成功打造了全国前两只以农业合作社为主体的集合信托创新产品，充分缓解了合作社融资难问题，实现了政策性和市场化的有效结合。

一、集合信托发行背景介绍

（一）政策依据

按照2011年北京市农委、北京市财政局、北京市金融局、中国人民银行营业管理部、中国银监会北京银监局、中国保监会北京监管局、北京市农村经济研究中心七家单位联合出台的《关于金融支持农民专业合作社发展的意见》（京政农函［2011］70号）。

（二）发行模式

信托公司向合作社发放信托贷款，担保公司与信托公司提供本息连带责任担保;在信托计划成立后,合作银行以资产买断方式向信托公司购买该笔信托贷款;合作社根据信托贷款合同规定向信托公司偿还本息。银行根据资产买断合同的规定从信托公司收取本息,无须合作社另行支付。

(三)发行主体

北京市农民专业合作社市级示范社为集合信托重点支持领域。

(四)政策支持

市农委安排专项资金,对集合信托发行合作社融资费用给予一定补贴。担保费、信托费、公证费由市农委全额补贴,按年度拨付;贷款利息将在贷款全部还清后由市农委按照当年具体补贴政策执行。

参与单位:北京市农业融资担保有限公司、北京国际信托有限公司、北京银行。

信托期限:2年;

借款人:北京市市级农民专业合作社;

担保人:北京市农业融资担保有限公司;

保管人:北京银行;

贷款利率:市场利率;

信托报酬率:0.5%/至1%/年;

保管费率:0.1%/年。

必要性分析:

一是扩大了农民专业合作社的融资渠道,满足合作社的资金需求,缓解了合作社融资难问题;二是利用政府政策支持,引导金融机构将更多的资金投放到农民和农村,特别是多家机构共同参与,体现了扶农支农的社会效益;三是增加了新的金融产品,与集合票据相比资金发行速度更加快速便捷,把更好的金融产品为合作社服务；四是可以进一步促进全市农民专业合作社加强对资金的管理，通过集合信托的发行，能够促进合作社规范管理经营；五是以集合信托的形式，通过担保机构对农民专业合作社进行统一增信，使金融部门更加愿意将资金投放到合作社；六是进一步促进农民专业合作社和农户的市场意识，更好地促进政策性和市场化的有效结合；七是进一步加强了全市农业担保体系建设，能够更好地发挥区县分公司的职能和作用。

信托产品发行情况介绍：

信托贷款是一种同银行贷款较为类似，也有所区别，但毫无疑问的是信托贷款是一种越来越被社会认可的有效融资方式，具体是指信托公司根据企业贷款总体需求，设立信托计划，向特定投资者募集资金，然后将募集到的资金以贷款形式发放给企业客户，企业按期归还本息。而集合信托是指多家中小企业共同联合起来，作为一个打包整体，通过信托公司统一发行信托计划而募集资金，并把募集到的资金分配到参与各企业。在集合信托中，企业各自要明确资金需求，各自要承担债务责任，互相之间不是债务担保关系，而是共同委托一家担保公司为所有企业承担连带担保责任。自2008年8月，中投信托在国内推出首个"中小企业集合信托债权基金"后，中小企业信托产品层出不穷，得到了广泛的认可和普及。据不完全统计，已经有北京、上海、广东、浙江等金融相对发达地区的多家信托公司发行了中小企业信托产品。

北京市担保机构自2009年开始为北京市中小企业提供集合信托担保。主要涉及制造业、文化创意、农业等不同领域。第一期合作社集合信托发行主体为农民专业合作社，将成为全国第一只以农民专业合作社为发行主体的集合信托。此次集合信托将得到市农委相关的补贴政策。

二、信贷资产转让模式介绍

1. 北国投通过发行集合资金信托计划的方式募集信托资金，信托资金按期募集。北国投作为受托人与委托人签订信托合同，对信托资金的运用进行明确约定。

2. 北国投与借款人签署《借款合同》，约定北京信托以信托计划资金向借款人发放贷款，指定用于借款人补充企业经营流动资金。

3. 北国投与保证人（北京市农业融资担保有限公司）签署《保证合同》，约定保证人为上述贷款提供连带责任保证担保。

4. 北国投与北京银行签署《信贷资产转让（卖断）合同》，约定北国投将以上贷款债权卖断给合作银行，同时北京银行可以委托北京信托代收贷款本息（注：信贷资产转让后，也可由信贷资产受让方直接向借款人收取贷款本息）。

5. 北国投与北京银行同时向借款人及保证人发出《信贷资产转让通知书》，获得借款人知悉贷款转让及保证人同意贷款转让的回函。

6. 北国投以信托计划资金向借款人发放贷款（一次性或分笔），T+1日或T+2日将信贷资产转让给北京银行（一次性或分笔，与贷款发放金额和时间对应），回收贷款本金，并向受益人分配信托本金。

7. 在委托收付的模式下，借款人按时向北国投指定账户划付投资顾问费、贷款利息（即转让利息），北国投收到借款人支付的贷款利息后即将贷款利息划转至合作银行指定账户。

8. 贷款到期后，借款人按约定时间足额向北国投（或合作银行）划付贷款本息。北国投按信托合同约定向受益人分配信托收益。

三、集合信托操作流程

1. 农担对借款企业进行评审，评审通过后，向北京银行、北国投出具担保意向书；

2. 北京银行对借款企业进行评审，评审通过后，向农担公司、北国投出具担保意向书；

3. 北国投对借款企业进行评审，确定信托发行计划；

4. 各方分别签署合同；

5. 落实放款手续。

四、第一期及第二期合作社信托计划基本情况介绍

（一）一期计划

项目来源：密云县农合中心推荐

发行主体：密云县 10 家市级农业专业合作社，涉及农业种植、农业养殖、农产品运销经营业务。

（二）发行规模：2 570 万元

发行时间：2012 年底

发行周期：2 年

二期计划：

项目来源：各区农委推荐

发行主体：通州区及昌平区 5 家市级农业专业合作社，涉及农业种植、农业养殖、农产品运销经营业务。

发行规模：1 080 万元

发行时间：2013 年底

发行周期：2 年

五、集合信托发行对于合作社的现实意义举例

（一）北京通州某养殖专业合作社

该合作社位于通州区于家务乡，2009年6月成立。合作社现在有社员270户，其中注册社员148名，注册资金100万元。合作社主营业务为农业养殖，具体为白凤乌鸡等禽类的养殖业务，现在是北京同仁堂及周边各乌鸡白凤丸制药厂家、超市和餐饮行业的主要原料供应商。2010年起多次被农委评为市级以上农民专业合作社示范社。

合作社上游主要是各社员养殖户，对养殖户采取统一育种，统一管理的模式。合作社对社员同意供应雏鸡苗，每只2.6元，较市场价低0.4元/只；社员使用的饲料有合作社集中向新希望采购，防疫用药也由合作社统一采购，并即兴等级，在保证质量的同时也能提供价格上的优惠。对社员出产的乌鸡采取保护价收购，最低位15元/公斤，高出部分按市场价收购，保证社员每公斤1.5元的利润。与社员的结算一般不在收鸡当时进行，而是在收鸡后的半个月左右结算。每年还根据社员股份及养殖规模进行返利。除收购社员养殖的乌鸡外，合作社还有自有养殖基地。合作社下游主要是北京同仁堂科技发展股份有限公司制药厂、北京真功夫食品加工有限公司及部分商超、批发市场等。其中同仁堂及真功夫都与养殖公司签订了框架采购协议。同仁堂提前一周左右向养殖公司发送订货通知单，按照事先约定的收购价进行收购。

合作社实现产值6 500万元，利润1 300万元，合作社成立初期至今，一直处在合作社平台的完善及上下游渠道的搭建，通过几年的实践经验，合作社已经带动了周边农户创产创收，但随着这几年的发展，合作社遇到了一定的发展瓶颈，就是资金不足，无法投入固定资产,影响到了合作社的后续发展。

通过集合信托融资,合作社成功融资800万元流动资金,大部分利息及费用由政府全额补贴,合作社利用资金进行了固定资产投入,修建了冷库及库房,不仅增加了合作社的资产总额,而且解决了运输、保存等后续问题,做到了销售产品的良性周转,保证了企业的可持续发展。

未来该合作社逐步扩大规模,利用好该产品政策优势,发挥好合作社的带动作用,树立好国家级合作社品牌。

(二) 北京通州某观赏鱼专业合作社

该合作社位于通州区张家湾镇,成立于2008年,张家湾镇是北京市重点观赏鱼养殖基地之一,合作社目前有分支机构一个,有社员150户,合作社区域覆盖通州区六个观赏鱼养殖乡镇,该合作社2010年被评为北京市市级示范社。

该合作社的主营业务收入为观赏鱼、鱼苗、鱼饲料的销售,合作社为社员提供养殖技术、鱼苗、销售渠道。合作社2009年成立了鱼病医院。进行养殖定期巡诊,免费化验,建立档案等服务。合作社(包含社员)目前的养殖面积达到3 000亩水面,一亩水面的销售收入约2万元,合作社(含社员)的总收入突破6 000万元,养殖品种主要有三种,金鲤鱼、龙睛金鱼、锦鲤。

合作社是集研发、生产、销售于一体,北京的观赏鱼需求量较大,从产品和销售上看,优势比较明显,合作社提供养殖技术、统一的销售渠道,社员也愿意参与到合作社当中去,农户收入也呈逐年增长的态势。

随着合作社规模的不断扩大,流动资金不足制约了合作社的发展,特别是鱼苗、鱼药要常年备货。随着养殖规模的扩大,需要一定的流动资金用于保证正常经营,通过集合信托融资,合作社融资

80万元，解决了资金不足的问题，通过合作社本身的持续经营，保证了周边几个村的养殖户的经营稳定性，从而带动了整个通州区观赏鱼产业的整体发展。

（三）北京某养殖专业合作社

合作社成立于2006年，为北京市市级示范社，为通州区宋庄镇唯一一个以养殖市级示范社，现有社员150户，主营业务为生猪、肉鸡、蛋鸡等畜牧养殖，注册了自有品牌"运河人"商标，目前合作社年销售商品猪4万头，商品鸡100万只，商品蛋1 280吨，合作社包括社员年收入1 200万元以上。

合作社主要以提供服务为主，其次是自主经营，服务以提供统一供苗、供料、供药、防疫、销售渠道等。提高了生产效益，增加了农户收入水平。合作社与北京正大饲料公司签署了长期供销合同，每年农户能降低成本5 000元左右。销售上合作社同北京顺鑫鹏程食品厂合作，统一收购，毛猪每斤比市场价高不到1元，利润率能够有效提高。结算大部分是通过农户与下游直接结算。

合作社自主经营面积6亩，产品主要是生猪及禽类，包括大白、杜洛克商品猪，及贵妃鸡、珍珠鸡等禽类。2012年销售额190万元，2013年销售额已经到了162万元，未来合作社将统一收购、统一结算，收入水平将大幅提高。本次借款主要用于补充流动资金，扩大养殖规模，同时合作社由于统一采购饲料，也需要垫支部分资金。

该合作社通过融资获得50万元流动资金，用于解决合作社日常的流动资金需求，不仅解决了合作社日常经营资金不足问题，还保证了广大社员饲料等原材料的采购，有效缓解了合作社的资金压力。

（四）对于该产品未来发展的规划和建议

产品特点：

1. 体现较强的社会效益。该产品为集合信托产品，有农业担保公司、北京银行、北京国际信托公司三方共同参与，体现了扶农、支农的特点，有较强的社会效益，特别是三方互相配合，有效提高了整体效率，保证了全国前两只合作社集合信托产品的顺利发行。

2. 产品具备可持续性特点。对于合作社集合信托产品运行的经验告诉我们，合作社有资金需求，有还款能力，能够带动区域性的产业链发展。作为政策性农业担保公司，扶持合作社融资，也是我们的业务方向之一，我们有义务、有责任以不同方式支持合作社融资。

3. 政策性和市场化的紧密结合。政策性体现在政府的补贴政策、银担合作的利率优惠、政府的项目源渠道等，市场化体现在融资产品的创新，银行、信托公司、担保公司独立相对独立评审等。通过政策性和市场化的结合，不仅是合作社融资成本降低，而且对于合作社本身的财务管理是全面的提升，保证了合作社在享受政策的同时，自身的管理水平有效提高。

4. 受众群体广。市级合作社往往规模较大，合作社能够带动周边社员及相关产业发展。因此我们虽然在形势上支持合作社融资，实际上支持社员、产品产业链，因此该产品项下受众群体较广，超乎我们的预期。

产品规划：

1. 丰富目标客户群。目前集合信托产品以市级合作社为目标客户，随着未来产品的日益完善，客户群将逐渐增加到区级合作社等群体，打造北京市各个级别合作社的集合信托产品。

2. 打造金融产品体系。合作社集合信托是主要的产品，除此之外，在打造核心产品的同时，我们也要丰富产品体系，社员联保贷款，承租权质押贷款等。丰富产品结构，打造整体的金融产品体系。

3. 加强政策优势。政策性是该产品的主要特点之一，体现在两方面，一是项目源，该产品的项目源主要来自各级政府主管部门的推荐，如经管站、农合中心等，项目源可靠，更熟悉借款企业。二是政府补贴。降低合作社融资成本，该产品大部分费用都由政府补贴，补贴力度较大，并且政策有持续性。

下一步将继续增加政策补贴力度，取保项目源充足、真实、可靠，同时补贴持续、有力。

产品建议：

1. 在政策性的基础上，加大反担保方式创新。由于合作社的特点，固定资产投入一般较少，由于该产品属于政策性产品，由合作社主管部门的推荐和认可，在这个政策性的基础上，应该加大反担保方式的创新，以解决合作社实物资产抵押不足的问题，在担保方式上可以考虑承租权质押、账户监管、存货质押、浮动资产抵押等符合合作社特点的创新方式。

2. 整合有效资源，建立合作社上下游融资渠道。合作社是都市农业重要的经济载体，上游有众多的合作社社员、村民，下游有对口的农业龙头企业，在解决合作社本身融资的同时，也应该加大对其上下游渠道的联系，并根据情况，建立合理的融资渠道，利用资源优势，打造整体产业链的信贷意识和融资模式。

3. 促进产品升级，提高产品竞争力和影响力。合作社集合信托产品已经运行两年，产品运行已经相对完善，下一步应该促进产品升级，如评审效率的提高、各方配合力度的加强，政府扶持力度的增加，合作社融资意愿的增强。通过产品升级，提高产品整体的影响力和竞争力，打造首都合作社集合信托产品品牌价值。

总之，合作社集合信托产品是有特色、有基础、有发展、可持续的特色金融产品，该产品得到了各级政府的大力支持，得到了合作社的广泛响应，得到了社会各界人士的一致好评，作为国有政策性担保公司，我们将继续加大创新力度，整合有效资源，发挥金融优势，使集合信托产品受众群体更广，品牌影响更深，扶持力度更大，持续发展能力更强。

评委观点

首届"融资担保业创新发展"征文活动专家评委会委员名单

文海兴　中国银监会普惠金融部副主任；法学博士。

文　政　中国银监会非银行金融机构监管部副巡视员；中国融资担保业协会专职副会长；经济学博士；高级经济师。

卜祥瑞　中国银行业协会首席法律顾问、维权部主任。

刘　征　沈阳市中小企业融资担保有限责任公司董事长；中国融资担保业协会监事长。

张忠慧　黑龙江省鑫正投资担保集团有限公司董事长；硕士；研究员级高级会计师；中国融资担保业协会副会长。

陈杭生　浙江中新力合股份有限公司董事长；浙江大学 MBA、北京大学金融学 MBA；中国融资担保业协会副会长。

石建昌　成都合力创业融资担保有限公司董事长；博士。

张德本　广东中盈盛达融资担保投资股份有限公司副总裁；MBA；CPA；经济师；《中国担保》副主编。

叶　斌　安徽省信用担保集团有限公司副总经理；高级经济师。

王建兴　北京中关村科技融资担保有限公司副总经理兼首席会计师；硕士；高级会计师。

张红地　中国金融出版社副总编；金融学博士；经济学博士后；研究员。

陈子牧　金融时报非银行金融新闻部主任；本科；主任编辑。

论担保机构风险的"矢量"特性及其现实意义

张德本

众所周知,担保机构的出现,是银行信贷风险管理的社会分工细化。银行主要社会职能是"公众存款机构",为使存款人放心,其风险偏好必然接近"零风险",古今中外无一例外,所以中小企业融资难,是世界性难题。担保机构的资金来源,无论是政府还是民间,其风险偏好都明显高于"储蓄资金"风险偏好水平。故银行与担保机构的社会分工应该是:银行以管理信贷资金时间价值为主,担保机构以管理信贷资金的风险价值为主。

既然担保机构专司风险价值管理,其生存和发展的关键,就是能否控制和降低债权人的金融风险。但是,如何认识风险特征?如何管理风险?怎样才能做到"控制和降低"风险?现有担保业务模式是否能够"控制和降低"风险?能否客观、理性、深层次回答此类问题,直接关系到银行乃至社会各界对担保行业的未来信心、关系到担保行业能否长期持续存在的合理性问题。

笔者围绕这些问题,结合担保业务的实际创新,作过一些客观、理论思考和分析,于是大胆提出一种假设:担保机构面临的风险变量,不仅有大小,而且有"方向",具有"矢量"特性。基于这种假设认识,担保机构在风险的调查和评审过程中,通过了解风险的始点和终点及其变化过程,衡量风险的大小,寻找和调整风降低的不同方向和不同方法，实现风险的控制和降低。担保机构只有在社会资金分配的金融体系中发挥着"分散降低风险"的功能作用，才能最终长久地得到社会的认可。

一、风险"矢量假设"，源自对担保实践问题的思考

（一）同样的风险项目，不同方向的承载主体，风险大小似乎各不相同的原因

1. 中小企业贷款风险，由过去的"中小企业→银行"变成"中小企业→担保机构→银行"，无论是风险承载主体评价的主观风险，还是贷款风险逾期违约率统计的客观风险，都得到了明显的降低，为什么？因为风险方向改变了，更因为担保机构比银行拥有更多方向的风险对冲手段，因而风险分散、降低了。

2. 担保风险转移至"第三方主体反担保"，如果"第三方主体"本来就欠"被担保企业"的相等款项，则风险转移至"第三方主体"后可以降至为零；相反，如果"第三方主体"没有任何对冲手段和风险方向差异，则风险转移后将难以显著降低。典型形式就是应收账款质押反担保，因为欠款单位的欠款，与将来可能产生的风险债权，大小相等、方向相反，完全对冲风险。

3. 在异地开展担保业务，将担保风险转移至当地担保机构、当地商会主要会员或当地经济园区管理组织等风险承受载体，风险一般也能得到降低。因为当地风险载体对被担保企业的信息了解更多，拥有风险方向相反的对冲风险手段更丰富，如经济园区管理组织收到土地出让金而待发土地证、商会会员间的经济往来等。

4. 众多金融产品的套期保值交易，必须选择"大小相等、方向相反"的金融产品进行交易，也反映金融风险的方向性特征。

（二）不同方向的反担保措施，对冲风险的效果也各不相同的原因

1. 被担保企业的关联企业（包括内部人员）反担保，由于同属于一个实际控制人，在经营风险上具有一定同向性，担保机构风险降低效果有限；但在担保机构控制转移资产风险方面，有较强的方向对冲性，因为此企业风险因资产转出而增加，彼企业风险则因资产转入而降低。

2. 被担保企业的股权质押反担保，效果不太好。因为这种反担保相对于其他债权人无法拥有优先受偿权利，因而与其债务风险具有同向性，担保机构风险几乎没有因此而降低。假如企业将来资不抵债、不能偿还贷款，则其股权价值已几乎降至为零，相反，如果企业股权有价值，则其必定有一定偿债能力。

3. 标准抵（质）押物的反担保以及独立于被担保企业的一般企业反担保，对冲风险力度较强，因为该反担保措施的风险独立于被担保企业而不具有同向性，因而担保机构风险有所降低。

（三）单纯的互助担保模式，在实践中也能得到银行一定程度认可的原因

典型的互助担保模式，就是若干企业共同出资，作为保证金存于银行，以获得放大的信贷授信分配于各成员企业，成员企业之间相互为其他成员贷款提供全额担保或以保证金池中资金为限提供担保，风险主要滞留在成员企业之间。

这种模式被较多用于专业市场、行业协会组织的成员企业群体，有一定的局限性，缺乏专业风险管理队伍，在实践中也形成一定的风险教训。互助担保的前提是相互信息了解充分，一般为3~5个成员为一组较为恰当；成员太多，信息难以相互了解，一旦出现风险损失，清算起来十分复杂。

这种模式的合理成分，就是将银行与单一企业的"一对一"方

向风险,变成银行与多个企业的"一对多"方向风险,即使是保证金池有限担保,池中的每份保证金也是"一对多"方向承担银行任一笔贷款风险。因而,银行层面贷款风险比"一对一"方向风险还是有着明显的降低,但互助整体的保证金池的风险并没有降低。

非典型互助担保模式,有多种多样,其中极端形式是指没有真实资本金的担保机构,他们利用了"互助担保保证金能够转嫁和降低银行贷款风险"的特征,其存入银行的保证金源于客户企业"不知不觉"的互助,甚至是由银行贷款的变相转化。对于这种极端形式担保机构,笔者曾认为银行信贷风险不仅没有任何降低,反而有所上升。但在与其合作的银行朋友交流时得到的观点却是:"我们没法知道他的资本金实不实,也不知道他的保证金来自何方,但只要担保机构保证金以其名义按贷款20%存入我行质押,我们的贷款就不会有风险,历史经验告诉我们:中小企业贷款逾期率从来没有超过20%,至于其他风险我们就不好说了"。

存在就有道理。笔者冷静思考后认为:此时的担保机构实际上相当于商会,扮演了"互助保证金池"管理者角色,银行仍然是通过改变"一对一"风险方向为"一对多"风险方向来降低风险,同时降低了银行对客户的"一对多"的管理成本,突破了典型互助担保模式的3~5个客户规模的局限性,客户企业在不知情、受蒙骗的情况下承担了"互助保证金池"有限担保责任。因此,一旦出现较大风险,没有资本金风险屏障,必然殃及众多中小企业客户,甚至出现系统性的社会风险。个别银行默认并且与这类担保机构合作,实际起到了"助纣为虐"的作用。

二、风险"矢量假设"的理论证实

(一)基本条件假设

从最简单的两项担保资产(反担保亦然)分析,设有A、B两个担保项目资产,形成组合担保资产为 P,σ 分别表示担保资产的风险(标准差),X 代表单项担保资产的持有金额权重,$X_A + X_B = 1$。

(二)用几何法证明

设 A、B 的两个风险矢量 σ_A、σ_B 方向差异,可以用平面上夹角 $\theta\,[0,\pi]$ 来衡量,X_A、X_B 分别代表 A、B 的担保金额比重,如图 1 所示。

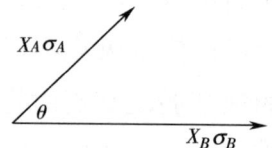

图 1

根据矢量的几何加法有,$\sigma_P = X_A\sigma_A + X_B\sigma_B$(矢量式),如图 2 所示。

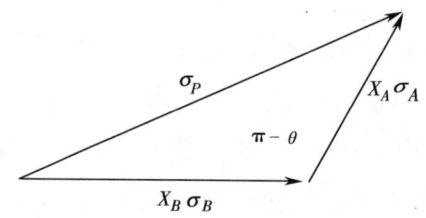

图 2

显然组合资产风险 σ_P 得到降低。根据三角形原理,σ_P 大小总是不大于两个单项资产风险大小之和,即 $|\sigma_P| \leq |X_A\sigma_A| + |X_B\sigma_B|$。

当 $\theta=0$ 时,$|\sigma_P| = |X_A\sigma_A| + |X_B\sigma_B|$,如同一企业的两笔担保业务情形,$\sigma_A$ 在 σ_B 方向上有同方向完全投影,风险相互叠加,没有任何分散降低。

当 $0 < \theta < \pi/2$ 时，$|\sigma_P| < |X_A\sigma_A| + |X_B\sigma_B|$，如关联企业的两笔担保业务情形，$\sigma_A$ 在 σ_B 方向上仍然有同向投影，故风险有分散，但没有充分分散，这应该就是银监会 3 号令对关联企业担保"既允许又限制"的原因。

当 $\theta = \pi/2$ 时，$|\sigma_P|^2 = |X_A\sigma_A|^2 + |X_B\sigma_B|^2$，如相互独立企业间的两笔担保业务情形，$\sigma_A$ 在 σ_B 方向上没有同方向投影，故风险得到充分分散。

当 $\pi/2 < \theta < \pi$ 时，$|\sigma_P| < |X_A\sigma_A| + |X_B\sigma_B|$，如有一定"此长彼消"负相关企业的两笔担保业务情形，σ_A 在 σ_B 方向上有一定的反方向投影，故此时两个风险有一定的对冲作用，如图 3 所示。

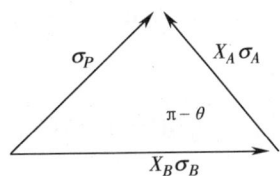

图 3

当 $\theta = \pi$ 时，$||X_A\sigma_A| - |X_B\sigma_B|| = |\sigma_P|$，如具备完全"此长彼消"关联企业的两笔担保业务或用欠甲企业款项为甲企业提供"应收账款质押"情形，σ_A 在 σ_B 方向上具有完全的反方向投影，故此时两个风险有直接对冲作用。

"风险的矢量假设"，运用几何原理可以充分反映两个风险变量的"同向叠加"、"异向分散降低"、"反向对冲"及其连续变化的特点，完全能够符合担保组合风险的实际特征。

（三）用现代资产组合理论证明

设 A、B 相关系数为 ρ_{AB}，根据现代资产组合理论和数理统计原理可知：

$$\sigma_P^2 = X_A^2\sigma_A^2 + X_B^2\sigma_B^2 + 2X_AX_B\sigma_A\sigma_B\rho_{AB} \tag{1}$$

由于 ρ_{AB} 和 $\cos\theta$ 的连续取值范围均在 -1 与 $+1$ 之间，而且一一对应，故可设

$$\rho_{AB} = \cos\theta \tag{2}$$

θ 的几何意义与 ρ_{AB} 的意义完全一致：

当 $\theta = 0$ 时，$\rho_{AB} = 1$，两风险矢量同向重合，相互叠加，完全正相关；

当 $0 < \theta < \pi/2$ 时，$0 < \rho_{AB} < 1$，两风险矢量有同向投影，一般正相关；

当 $\theta = \pi/2$ 时，$\rho_{AB} = 0$，两风险矢量只有点投影，相互独立，不相关；

当 $\pi/2 < \theta < \pi$ 时，$-1 < \rho_{AB} < 0$，两风险矢量有反向投影，一般负相关；

当 $\theta = \pi$ 时，$\rho_{AB} = -1$，两风险矢量反向重合，相互对冲，完全负相关；

将式（2）代入式（1）有：

$$\sigma_P^2 = X_A^2\sigma_A^2 + X_B^2\sigma_B^2 + 2X_AX_B\sigma_A\sigma_B \cdot \cos\theta$$

根据三角函数理论恒等变形有：

$$\sigma_P^2 = X_A^2\sigma_A^2 + X_B^2\sigma_B^2 - 2X_AX_B\sigma_A\sigma_B \cdot \cos(\pi - \theta) \tag{3}$$

结合图2、图3，观察式（3），完全符合图2、图3按几何学余弦定理所得的结果，说明风险矢量假设的几何运算与现代资产组合理论的数理运算，完全一致。

故"风险的矢量假设"成立。

（四）多项资产组合证明的推广

A、B、C 三项资产组合证明，只要用 C 与 P（A+B）两项资产再组合，重复上述过程，即可得到证明。

如此类推到 n 项资产的组合证明。

三、认识风险"矢量"特性的现实意义

（一）风险"矢量"特性，从理论上反映担保机构科学运用风险管理技术，可以实现控制和降低风险目标

风险具有"矢量"特性，说明风险有大小、有方向，可以通过一系列的风险管理技术方法来降低风险。

1. 通过信息采集技术和风险评估技术，科学衡量风险大小。担保机构可以通过加强专业人员训练，科学开展尽职调查工作，充分采集风险信息，减少信息不对称影响，降低风险的不确定性；同时建立科学的风险评估技术体系，尽可能准确衡量风险大小，确定风险度准入门槛，分离高风险客户，优选风险度适当客户，实施风险定价技术，使担保机构承担的风险大小控制在与人员素质、收费高低、拨备多少以及资本金相适应的水平上。

2. 通过产品结构方向分散技术，降低合成总风险大小。把产品风险按不同方向结构进行分散，按照矢量合成原理，其总合成风险会显著降低。因此，担保机构在制作业务计划时，严格控制风险的集中度和关联度，尽可能把业务风险分散在（夹角 θ 值较大、不太相关的）不同的行业、不同的品种上，通过业务结构分散化来降低风险。

3. 通过反担保措施方向分散技术，降低担保机构代偿损失风险。按照矢量分解原理，把同一客户方向的担保集中风险进行几何分解，分解转移到各类反担保效率最高的方向，如按矢量"正交分解法（与客户毫不关联主体反担保）"、"反向分解法（应收账款债务人反担保）"、各种反担保措施方向夹角 θ 值越大越好，就是反担保措施尽可能分散化，减少关联度，可以显著降低代偿损失风险。

(二）风险"矢量"特性，反映担保机构的核心竞争力主要不在于资本金，而在于人才和风险控制技术

担保机构不是一个简单通过资本金来承当贷款风险损失的机构，假如是这样，就出现投资悖论，因为无论是政府投资者还是民间投资者，其投资目标都是保值或增值。担保机构是通过分散担保业务风险方向、调整担保业务风险方向，分散反担保风险方向、调整反担保风险方向等风险管理技术措施，实现控制和降低担保贷款风险的市场使用价值功能，从而达到担保资本保值增值的经营目标。

可见，担保机构的核心竞争力主要在于风险控制技术。在风险定价技术基础上：第一道风险防线的控制技术，主要体现在人才素质上，如何识别风险？即如何充分采集有效风险信息、科学评估客户风险大小，使之控制在与担保收费相适应的水平上；第二道风险防线的控制技术，也体现在人才素质上，如何降低风险？即通过担保和反担保的结构方向调整和分散，使风险实现最大限度地降低；第三道风险防线的控制技术，还是体现在人才素质上，如何控制风险？即通过一系列的合同设计技术，遵循法律规定和心理学原理，"上兵伐谋"、扼杀债务人逃债动机，加大违约成本，而不是简单抓住抵押物来控制风险；第四道风险防线的控制技术，如何处置风险？也靠人才素质，一旦风险识别出现错误，需要通过一系列的代偿追收技术来减少风险损失，通过反担保措施控制的或有资产价值量大小，来对冲风险损失；第五道风险防线的控制技术，如何建立科学合理风险拨备制度？即根据在保余额风险结构和大小，建立未到期责任准备金、代偿损失准备金和一般风险准备金，分别配比风险释放度、弥补担保预期风险损失、弥补市场系统风险损失；第六道风险防线的控制技术，如何弥补意外风险损失？即在上述五道风

险防线被突破后,出现十分意外的风险,靠担保机构的资本金来弥补风险。

目前大多数与担保机构合作的银行以及部分政府监管部门,关注担保机构风险的角度,主要集中在对资本金的关注,而忽视对担保机构风险控制技术的关注。这样不仅关注成本和被关注成本都很高,而且很容易陷入"思维悖论"的困惑之中,甚至走向初衷的异化方向。

(三)风险的"矢量"特性,为担保机构控制风险实际工作提供指导

通过矢量几何加法过程可以看出,一个担保项目的全过程风险矢量,可以分解成若干个环节"首尾衔接"风险矢量。要控制总体风险,关键是控制好各个环节的风险,特别是控制各个环节节点上的风险,尤其适用于短期融资担保项目。

在反担保方式选择上,不只是考虑对冲"风险量",还要考虑许许多多能够改变"风险方向"的方法,如:反担保主体选择,相互信息更充分了解,则其反担保风险相对较低;反担保方式选择,能在担保风险的反方向上直接对冲风险,则更好;反担保方向角度选择,多元化、多方向的组合反担保,比单一方向的反担保风险更低;反担保方向可变性选择,变动方向的反担保(如保证金池反担保、互保小组反担保),要比固定方向反担保(固定对象反担保等)风险更低。

(四)风险的"矢量"特性,有助于担保机构形象理解风险分散降低原理和原因

1. 形象认识组合风险降低的原理和原因。现代资产组合理论根据如下两项资产风险模型 $\sigma_P^2 = X_A^2\sigma_A^2 + X_B^2\sigma_B^2 + 2X_AX_B\sigma_A\sigma_B\rho_{AB}$ 和相关系数 ρ_{AB} 的大小、正负,来分析说明组合风险的分散和降低。但相关系数概念比较抽象,具体求值需要大量的历史数据,故在实际中

理解和应用比较困难。风险的"矢量"特性，运用矢量运算法则就可以形象、生动、贴切地分析说明组合风险分散和降低的原理，而且形象解释组合风险降低的原因就是风险方向的改变。有利于担保机构正确理解和贯彻银监会等七部委 3 号令关于对单个企业担保金额的上限规定。

2. 风险方向（θ）是一个多维空间变量的函数。从理论上讲，影响资产的风险因素有多少个，决定风险方向（θ）函数的自变量就有多少个，包括：交易主体方面因素、交易产品因素及其衍生出来的各种从属性的风险控制交易因素等。例如一笔 1 000 万元的资产项目，在其他任何条件因素不变的前提下，把它简单平等分拆成 2 笔 500 万元的组合资产，则其组合风险方向没有改变，组合风险大小也没有降低；如果改变一点点条件因素，如不同时点放款成交，则其组合风险方向就有改变，组合风险大小也有所降低。

3. 风险方向（θ）的求值决定。我们可以参照反三角函数理论，根据 ρ_{AB} 的大小和（2）式求出 θ 值，以准确形象地反映两个风险矢变量的夹角大小，即

$$\theta = \arccos\rho_{AB}$$

同理，也可以根据组合风险、分量风险的大小和（3）式求出 θ 值。

4. 组合风险分散化理论还告诉我们一条重要原理。一个担保机构的风险资产得到充分分散后，其风险远远低于其集中资产风险，但总收益在风险分散化却没有相应减少，这也是担保机构存在合理性的一个重要理论依据。

（五）风险的"矢量"特性，有助于正确认识担保保证金的属性和合理取值

现实的融资担保模式，实际是银行信贷资产的一种结构化分层

创新。担保机构一般采取"保证金+不可撤销保函"方式承担银行贷款风险,保证金的比例通常为担保贷款的10%~20%,逐步形成"保证金池"。"保证金池"中的任何大小的一份保证金,都是变动的、多方向的,可以对冲任意一笔担保贷款风险。

从总体上看,担保机构与某个银行合作的担保贷款总规模,相当于一个结构化分层的资产包,优先级资产80%~90%,次级资产10%~20%,次级资产通过保证金池的方式作为对冲风险的事前安排。因此,只要保证金池有一定的规模数量,只要次级资产比例(即逾期率)低于保证金比例,银行的担保贷款就不会有风险。即使担保贷款逾期率超过保证金比例,银行仍然可以通过"不可撤销保函"向担保机构追偿。

由此看出目前银行与担保机构合作存在的两大问题:

1. 银行向担保机构收取的保证金比例10%~20%,远远高于历史的担保逾期率或贷款逾期率5%以内,处于一种不合理的较高水平,超过20%收取保证金更是无理要求。

2. 保证金池多方向对冲次级贷款风险,需要一定的大数规模。很多银行认为有些担保机构信用等级不高,采取较少授信规模可以减少风险,有时甚至授信3 000万元起步,其实这是一种认识误区。笔者认为,按10%的保证金比例考量,合作的业务笔数至少20~30笔或以上、合作业务总金额至少1亿~2亿元或以上,保证金池才能较好地起到多方向对冲次级贷款风险作用。

明确定性定位
建立有公信力的融资担保体系

——《上海再担保》访中国融资担保业协会
专职副会长文政

在2014年12月18日召开的全国促进融资性担保行业发展经验交流电视电话会议上,国务院总理李克强作出重要批示,要求发展融资担保,破解小微企业和"三农"融资难、融资贵问题。2014年,国务院及监管层陆续出台了多个与融资担保相关的条例以及指导意见,旨在进一步促进、引导行业规范健康发展,进一步发挥融资担保对于小微企业与"三农"的支持作用。2015年,面对两极分化、乱象丛生的融资担保行业,该如何在持续完善相关制度、政策以及担保体系,发挥缓解小微企业和"三农"融资难、融资贵作用的同时,进一步切实防范和化解风险,整顿业务操作过程中存在的不合规行为,引导行业继续向稳健的发展方向迈进,将是监管者、从业者持续面临的一大考验。本报就此专题采访了中国融资担保业协会专职副会长文政(以下简称文)。

问:文会长,对于2014年融资担保行业的发展,您是如何评价的?

文:2014年,中国融资担保行业总体运行平稳,作用积极。经过20年发展,全国已有8 185家融资担保机构,注册资本达到8 793

亿元。融资担保业对支持中小微、"三农"作出了积极贡献，党中央国务院对融资担保行业的发展给予高度重视。回顾刚刚过去的一年，中国融资担保行业受到颇多关注：在国家层面，召开全国促进融资性担保业发展经验交流电视电话会议，国务院总理李克强对融资担保行业作出重要批示，国务院副总理马凯发表重要讲话，国务院副总理刘延东调研深圳高新投集团，多个与融资担保相关的制度规章陆续出台；在机构层面，中国平安旗下的平安海外控股公司收购富登担保，瀚华金控在香港挂牌上市等，对于业界而言，这无疑是令人振奋的一年。但也不能不看到经济下行，使融资担保业发展面临转型升级的挑战，同时个别担保机构风险事件给行业造成不良影响。如何主动适应经济新常态，发挥担保特别是政策性担保应有的功能和作用是业界需要认真思考的问题。

问："汇通事件"的爆发，给融资担保行业再一次敲响了警钟。各地区融资担保公司爆发的风险事件，令融资担保业备受争议。作为融资担保行业的自律组织负责人，您是如何看待融资担保行业的定性定位与发展模式问题？

文：融资担保业屡次发生风险事件，表面看应归因于部分公司偏离主业、不合规经营，开展非法吸储、挪用客户保证金、超规定比例关联担保等违法违规业务，但也有监管不到位的问题。从深层次看，还是融资担保行业的定性定位与发展模式问题，这是融资担保业发展的基本问题，目前业内外看法仍不一致。如融资担保机构是政策性机构还是商业性机构，属于金融企业还是一般性企业。在制度安排上，政策性担保机构应建立长效发展机制；商业性担保机构要有核心竞争力和盈利模式；若是金融企业还要实施审慎监管等问题仍然具有争议。日前，中国融资担保业协会邀请业内外专家组织撰写和讨论《中国融资担保业发展报告》，在融资担保行业转型升级的关键时期，对行业 20 年的发展经验、问题和发展方向进行研讨。

问：您如何看待融资担保业专业化的问题？

文：融资担保机构专业化主要体现在三方面，一是解决银行和小微企业信息不对称问题；二是具有增信功能；三是分担和分散了风险。这里，我想特别强调对"代偿能力"的研究，业界对此重视不够，经常回避或不愿谈及。要正确认识担保机构"代偿"问题，业务增长快，代偿过多肯定不好，但业务增长过慢，没有代偿未必就好。科学界定代偿容忍度，如与经济景气相联系的和担保机构净资产、在保余额相适应的代偿率的临界点到底是多少，需要认真研究。科学合理的代偿率恰恰是体现担保业专业化的重要指标。另外，从一些基础工作来看，目前融资担保行业还没有全国统一的行业标准、相应的业务规则以及专业化风险控制技术还不健全，尤其是现行会计制度，是否能够科学反映融资担保机构经营绩效，还值得研究。因此，制定统一的行业标准、会计准则、业务规则以及风险控制技术是推动行业走向专业化、规范化的必要条件，也是担保业具有竞争优势和可持续发展的基础。目前商业银行对经营中面临的八大风险有相应管理措施，贷款建立了五级分类制度，这些对于融资担保行业加强风险控制具有良好借鉴意义。中国融资担保业协会受托牵头修订的《融资担保公司信息披露指引》（征求意见稿）于2014 年进行了座谈与修订工作，以期解决信息不对称问题，引导担保公司规范运营。经过 20 年的发展，目前担保行业已经到了转型升级、体现专业化特点的时期。

问：您如何定义商业银行与担保机构合作的内生动力问题？

文：目前，我国融资担保在保余额已达到 2.5 万亿元，其中的

70%~80%是与银行合作的，但是银行与担保合作的内生动力仍有待增强。马凯副总理在讲话中明确指出，银行要主动作为，唱好主角。银行作为银担合作关键一方，要探索建立合理风险分担机制，不能把违约责任全部推给担保机构。在对中小微企业信贷扶持过程中，国外比较成熟的做法是，通过政策性担保基金或机构进行担保，担保机构以一定比例分担风险，银行则将担保贷款视为无风险或低风险资产，并执行优惠利率。因此，建议银行与政策性担保机构合作时，可将担保贷款视为无风险或低风险资产，担保机构分担适当风险，银行执行基准利率。若银行与商业性担保机构合作，则可根据担保机构信用评级设定不同的风险权重系数，从而体现担保机构在增信方面的价值，同时也能激发银行与担保合作的内生动力。为此，建议监管部门、银行和融资担保机构加大合作，银行要主动作为，以低费担保为导向，建立银担合作和风险分担新机制。最近安徽省在建立4:3:2:1分担比例的新型银政担合作上作了一些有益探索，也是融资担保行业的发展模式尝试。

问：您是如何看待融资担保行业业务创新与监管的问题的？

文：中国融资担保业经过20年发展，特别是近几年的快速发展，不少融资担保机构在发展和创新上都形成了自己的特色。协会在2014年针对"互联网金融"、"资产证券化"和"信担合作"等融资担保行业热点，组织了"互联网金融与担保"、"资产证券化"、"信托与担保"等多场与融资担保业务创新紧密相关的培训研讨会，为从业者们提供了交流与学习的平台。目前，已有担保公司开展了互联网金融业务。部分汽车金融公司、小贷机构通过融资担保机构发挥担保的作用和价值，发行了资产证券化产品。在行业发展过程中，监管也是竞争力的重要体现。目前融资担保业的监管在中央有融资担保部际联席会议，各省监管部门尚未统一，有的在金融办，有的在工信部门，还有的在财政部门等。建议统一监管部门，统一监管制度、监管手段，进而实施审慎监管十分必要。我们鼓励业务创新，我们欢迎依法监管。

问：对于今后融资担保行业发展，您有何期待和设想？

文：担保能否充分发挥增信作用，公信力是关键。目前我国担保机构数量庞大而信誉不佳，时有机构发生风险。建立有公信力的中国融资担保体系，有助于树立行业的形象、提高行业的信誉度以及在公众中的影响力，对于进一步推动行业健康可持续发展，打造社会信用体系有重要意义。融资担保体系的公信力体现在资本实力、专业化团队、风险防控能力、业务创新、信用评级以及信息披露等方面。加强资本管理，提升担保机构"代偿能力"。经济下行时，政策性担保机构更要有所作为，发挥积极作用。因此，要增强行业意识和社会责任意识，全国协会和担保机构共同承担起行业的社会责任，促使行业迈上新台阶。